Primeiras Cartas do Brasil

[1551 - 1555]

SHEILA MOURA HUE
tradução, introdução e notas

Primeiras Cartas do Brasil

[1551 - 1555]

ZAHAR

Jorge Zahar Editor Ltda.
rua Marquês de S. Vicente 99 – 1º | 22451-041 Rio de Janeiro, RJ
tel (21) 2529-4750 | fax (21) 2529-4787
editora@zahar.com.br | www.zahar.com.br

Grafia atualizada respeitando o Novo Acordo Ortográfico da Língua Portuguesa

Capa: Miriam Lerner

Fac-símiles das cartas (capa e miolo): para as cartas de 1551 usamos exemplar da Biblioteca Nacional de Lisboa e para as cartas de 1555 usamos exemplar da Biblioteca Nacional do Rio de Janeiro.

Ilustração da capa (índio): detalhe de *Imagem do Novo Mundo*, Johann Froschauer (atribuída). Xilogravura aquarelada, The New York Public Library, Nova York.

CIP-Brasil. Catalogação na fonte
Sindicato Nacional dos Editores de Livros, RJ.

P95 Primeiras cartas do Brasil [1551-1555]/tradução, introdução e notas, Sheila Moura Hue. — Rio de Janeiro: Zahar, 2006.

Inclui bibliografia
ISBN 978-85-7110-907-0

1. Jesuítas – Brasil. 2. Missões – Brasil. 3. Índios do Brasil. 4. Brasil – História – 1549-1762 – Fontes. I. Hue, Sheila Hue.

CDD: 981
06-0933 CDU: 94(81)

SUMÁRIO

Cartas de 1555

NOTA SOBRE ESTA EDIÇÃO

Esta tradução anotada das duas primeiras edições de cartas do Brasil baseou-se nas edições originais de 1551 e 1555, impressas em Portugal, com texto em espanhol.

A primeira é o opúsculo *Copia de unas cartas embiadas Del Brasil por el padre Nóbrega dela companhia de Jesus: y otros padres que estan debaxo de su obediẽcia: al padre mestre Simon preposito dela dicha compañia en Portugal: y a los padres y hermanos de Jesus de Coimbra. Tresladadas de portugues en castellano. Recebidas el año de MDLI*, impresso em Coimbra por João de Barreira e João Alvarez, em 1551. Foi empregada a edição fac-similada, incluída nas *Cartas dos jesuítas do Oriente e do Brasil 1549-1551* (com uma excelente apresentação de José Manuel Garcia), publicadas pela Biblioteca Nacional de Lisboa, em 1993.

A segunda edição, uma coletânea de cartas enviadas de três países, é o impresso *Copia de unas cartas de algunos padres y hermanos dela compañia de Jesus que escrivieron dela India, Japon, y Brasil alos padres y hermanos dela misma compañia, en Portugal trasladadas de portugues en castellano. Fuerõ recebidas el año de mil y quinientos y cincuenta y cinco, [Coimbra], por Joan Alvarez, acabaronse a treze dias del mes de deziember MDLV*. Fez-se uso de uma cópia do exemplar pertencente ao acervo da Biblioteca Nacional do Rio de Janeiro e aqui só utilizamos as cartas enviadas do Brasil.

Não podemos deixar de registrar que as notas de Hélio Viotti sobre Anchieta e as notas de Serafim Leite sobre Nóbrega, em suas respectivas e lapidares edições das cartas, foram muito úteis na elaboração dos comentários da presente edição.

AGRADECIMENTOS

A Ângelo Augusto dos Santos, que colaborou na elaboração das notas sobre animais e plantas, e Henrique Cairus, que gentilmente traduziu as frases latinas.

A Joana Angélica D'Ávila Melo, Ronaldo Menegaz, Ana Virgínia Pinheiro, Berty Biron, Cleonice Berardinelli, Gilda Santos, Francisco Eduardo Hue, Christina Osward, Xico Diniz, Jorge de Souza Hue, Fabiano Cataldo, Carolina Vicente, Carolina Scucoto, Alziro de Azevedo Carvalho Neto, Pedro Lobo, Marie Christine Micko, Professor Cid Teixeira, Dylma Bezerra e Monica Mergener.

INTRODUÇÃO

Para o ano, se não nos comerem os negros, vos escreverei mais largamente de tudo, se Deus for servido.

JOÃO DE AZPILCUETA NAVARRO
Porto Seguro, 19 de setembro de 1553

Após oito semanas de viagem, com ventos sempre prósperos, sem nenhum tipo de contratempo e com muitos "favores e mimos" – o que demonstrava que Nosso Senhor, em pessoa, favorecia os homens e os objetivos daquela heroica expedição – desembarcam na Bahia de Todos os Santos, no dia 29 de março de 1549, os cerca de mil homens da armada que trazia o primeiro governador-geral, Tomé de Sousa, e a primeira missão jesuítica, comandada pelo padre Manuel da Nóbrega. Pouco se sabe como esses mil homens se abrigaram entre os 45 habitantes da povoação do Pereira até que se iniciassem as edificações da nova vila, a futura cidade de Salvador. O contraste numérico entre os moradores e os recém-chegados dá bem a noção do caráter do empreendimento. Concebida pelo rei português, d. João III, a missão de Tomé de Sousa e do grupo de jesuítas era francamente civilizatória. A ideia consistia em unir as forças da Fé e do Império numa empreitada que pudesse, enfim, dar alguma feição civilizada à selvagem terra brasileira.

O choque cultural foi tremendo. De um lado, colonos perfeitamente adaptados ao solo brasileiro e à cultura indígena; do outro, padres cheios de ideais, alimentados pelo entusiasmo e pela juventude de sua recém-fundada ordem religiosa, que começava a espalhar-se pelas terras mais longínquas do globo. Os jesuítas, empenhados na missão de converter os gentios (isto é, civilizá-los, trazê-los para a cultura cristã), mal podiam acreditar no que viam: os colonos portugueses que ali encontraram eram piores e mais bárbaros que os próprios índios – causavam "muitos escândalos", tinham muitas mulheres e filhos ilegítimos, viviam todos em pecado mortal, sem se confessarem havia anos. Os clérigos, "a escória", cultivavam o mesmo tipo de vida dos colonos. Estavam todos perfeitamente tupinizados, vivendo como o diabo gosta, para horror e espanto dos recém-chegados jesuítas.

A tarefa era imensa. Não havia óleo para o batismo, faltavam crucifixos, imagens, livros, não havia roupas para cobrir as mulheres, os índios entravam na igreja nus e assim assistiam missa e faziam o sinal da cruz, ferindo gravemente "a honestidade da religião cristã". Os 45 habitantes da vila do Pereira logo se mostraram como a ponta de um gigantesco iceberg: eram seis jesuítas com a missão de converter léguas e léguas habitadas por inúmeras nações indígenas que cultivavam o canibalismo, a poligamia e outros "maus costumes", no que eram incentivados (e mesmo acompanhados) pelos colonos portugueses que ali estavam.

Inácio de Loyola e seus seguidores seriam logo informados da situação de emergência em que se encontravam os irmãos mandados ao Brasil. Se em outras frentes, como a África, a Índia e o Japão, os jesuítas encontraram gentios fortemente arraigados a uma cultura e a uma religião, aqui encontraram bárbaros sem fé, nem lei, nem rei, que, tão facilmente quanto se convertiam, se esqueciam de tudo e voltavam novamente aos seus "maus costumes". Nóbrega dizia que os índios eram papel em branco, em que se podia escrever as palavras cristãs, mas logo perceberam que ali havia muita coisa escrita com uma tinta invisível aos olhos dos primeiros jesuítas.

Epístolas dos novos mundos para novos leitores

A Companhia de Jesus, idealizada em 1534 por um grupo de universitários liderados por Inácio de Loyola e aprovada por bula papal em 1540, havia nascido da ideia de um retorno à pureza da primitiva igreja e da conversão dos infiéis. A nova ordem foi logo abraçada pelo rei de Portugal que, mesmo antes da fundação da Companhia, entrou em contato com os "reformados", com o objetivo de iniciar as missões portuguesas.

O trabalho missionário idealizado por Inácio de Loyola era uma espécie de sinal dos tempos e de uma era em que um novo mapa-múndi estava a ser desenhado pelos descobrimentos portugueses. Os jovens clérigos dispostos a converter os infiéis afinavam-se perfeitamente com as intenções expansionistas e colonizadoras de d. João III, que acreditava que a colonização portuguesa das novas terras só se completaria e estabilizaria com a conversão das gentes ao catolicismo. Portanto, seis meses antes da bula papal que aprovava a Companhia, sai de Roma para Lisboa o primeiro grupo destinado às missões portuguesas. Em 1541, Francisco Xavier embarca de Lisboa para a Índia e, em 1549, quando ele já alcançava o Japão, chega ao Brasil a primeira missão jesuítica.

Nascida num tempo de acelerada expansão ultramarina, a Companhia de Jesus espelhava, em seus quadros e em sua distribuição geográfica, a globalização de sua época: seus integrantes, procedentes de vários países europeus, logo se espalharam por Itália, Irlanda, Portugal, Espanha, França, além de Ásia, África e América do Sul, onde novos integrantes, autóctones, começaram a ser admitidos. Com uma tal estrutura, um instrumento fundamental foi implantado para manter a unidade e a comunicação entre o centro da Companhia (Roma) e seus membros dispersos pelo mundo: as cartas. A correspondência epistolar era a coluna vertebral do corpo inaciano. Missionários espalhados pelo globo mandavam cartas para Roma, que eram rapidamente copiadas e distribuídas pelas missões de modo que todos soubessem o que todos faziam em lugares tão distantes como o Japão, o Congo, a Índia e o Brasil. Um eficiente sistema de comunicações que os mantinha unidos e ligados ao centro, Roma, onde estava Inácio de Loyola. Escreveu-se febrilmente nesses primeiros tempos. Entre 1524 e 1556, Santo Inácio redigiu nada menos do que 6.815 cartas.

As cartas jesuíticas eram um poderoso instrumento de informação e de divulgação das atividades da Companhia. Copiadas e reenviadas para vários pontos do planeta, eram lidas em voz alta, em grupo, atingindo vários públicos e atraindo novos integrantes. Nelas contavam-se as experiências, as aventuras, os êxitos e as dificuldades enfrentadas pelos missionários em lugares diferentes e exóticos. Em uma das cartas de Nóbrega, escrita da Bahia, o padre diz que folgariam muito em receber novas do Congo. Tanto no Brasil quanto na Índia ou em Roma, as mesmas cartas escritas no longínquo Congo eram lidas e apreciadas, numa rede de comunicações global em pleno século XVI.

Essas cartas, ao contrário das epístolas medievais, eram escritas num tom familiar, coloquial, procurando uma comunicação fácil e direta, sem artifícios de retórica ou citações eruditas, mais próximas do diálogo do que do discurso formal. Eram, de certa forma, inspiradas nas epístolas da Antiguidade Clássica. A descoberta das cartas de Cícero por Petrarca havia lançado por toda a Europa um modelo muito imitado: a carta como uma conversação entre amigos e não como discurso elaborado. Foi esse o modelo adotado por Inácio de Loyola e seguido pelos membros da Companhia. Os jesuítas eram jovens "reformados", crias do Renascimento, forjados na cultura humanística das universidades; e disso são exemplo Manuel da Nóbrega e José de Anchieta, brilhantes discípulos da Universidade de Coimbra.

Se no aspecto formal as cartas jesuíticas se afinaram com a modernidade do Humanismo, produzindo relatos diretos e simples, vívidos antepassados do jornalismo, no que toca à sua circulação adotaram o sistema já usado pelas epístolas comerciais. Com a expansão marítima e o consequente crescimento do comércio em vários pontos do globo, aumentou consideravelmente o volume da correspondência comercial, que se valia das embarcações que chegavam e partiam de portos dos quatro continentes. Os jesuítas empregaram esse mesmo sistema, que, apesar de "moderno", estava sujeito a vários contratempos. As cartas se perderam em naufrágios, incêndios e ataques de piratas; se chegavam a seu destino, podiam levar até um ano de atraso, principalmente quando saíam de portos menos movimentados, como foi o caso de algumas enviadas do Brasil.

Em um primeiro momento as cartas circularam em cópias manuscritas, mas logo foram divulgadas em livros impressos, atingindo um público muito mais amplo e ganhando enorme popularidade. Havia a preocupação de publicar cartas "frescas", recém-escritas, denotando a intenção de difundir fatos muito recentes, o que as aproxima da prática jornalística. A notícia quente, o fato que acaba de acontecer, no Japão, no Congo ou no Brasil, impressa para o leitor contemporâneo, curioso de saber sobre desconhecidas terras, estranhos povos e sobre os corajosos trabalhos dos homens da Companhia de Jesus para converter os infiéis. A rapidez na publicação é um trunfo, um chamariz para o leitor, e encontra-se geralmente estampado no título – um livro impresso em 1588, por exemplo, traz a indicação "cartas que vieram neste ano de 1588". Esse também é o caso dos dois livros de cartas do Brasil aqui editados: o livro impresso em 1551 diz trazer cartas recebidas nesse mesmo ano, e o volume publicado em 1555 também estampa em seu título essa extraordinária atualidade.

A objetividade e a simplicidade de estilo das cartas – que se centram sobretudo na transmissão de informações, evitando assuntos pessoais – e o impacto das informações que veiculavam (aventuras em terras estranhas e exóticas) funcionavam como uma espécie de jornal daqueles tempos. A modernidade de missivas escritas em estilo jornalístico, combinada ao poder de difusão proporcionado pela imprensa, então em plena fase de expansão, fizeram das epístolas jesuíticas um sucesso editorial. Cartas do Japão, da Índia, da África e do Brasil ganharam várias edições e traduções em Portugal, Espanha, França, Itália, Alemanha e Bélgica.

Nos próprios títulos e prólogos dos livros encontram-se evidências de sua boa aceitação. Publicada em Lisboa, pelo tipógrafo Antonio Ribeiro, em 1588, a coletânea *Alguns capítulos tirados das cartas que vieram este ano de 1588 dos padres da Companhia de Jesus que andam nas partes da Índia, China, Japão e do Reino de Angola* trazia o esclarecedor subtítulo: "impressos para se poderem com mais facilidade comunicar às muitas pessoas que os pedem". No prólogo das *Cartas que os padres e irmãos da Companhia de Jesus que andam nos reinos do Japão escreveram aos da mesma Companhia da Índia e Europa desde o ano de 1549 até o de 1566*, publicado em Coimbra, pelo tipógrafo Antônio de Mariz, em 1570, lê-se que "se imprimiram somente mil livros por serem dados de graça", o que demonstra que uma tiragem de mil exemplares, em se tratando de cartas jesuíticas, era pequena, adequada somente a essa edição "fora do comércio" financiada pelo bispo de Coimbra, publicada em dois formatos, no portátil in-8º e no mais vistoso in-4º.

O palpitante conteúdo desses livros também era destacado nos textos introdutórios, como na epístola dedicatória escrita pelo tipógrafo italiano Michele Tramezzino em sua primeira edição (Veneza, 1559) dos muitas vezes reeditados, sob os auspícios do papa, *Diversi avisi particolari dall'Indie di Portogallo, ricevuti dall'anno 1558... dalli Reverendi padri della compagnia di Giesu*: encontrará "no presente volume coisas verdadeiramente maravilhosas e grandes, conhecerá os ferozes e horríveis costumes daqueles povos, as qualidades daquele país e a infinita bondade e paciência daqueles reverendos padres, com suas fadigas, que guiados pelo Espírito Santo, tudo deram pela conversão daqueles gentios à nossa direita e santa fé..."

Nenhuma outra instituição religiosa comunicou-se dessa maneira com o público leitor do Renascimento e obteve semelhante resposta, visível no grande número de traduções e edições. As cartas jesuíticas afirmavam o poderio da Igreja Católica e de sua expansão em tempos de Contrarreforma, e, ainda, saciavam a sede do leitor do Renascimento das novidades e monstruosidades acerca dos novos mundos. Podiam ser lidas como narrativas edificantes e, também, como relatos de viagem. A fé de um lado e o prazer da leitura de outro.

As cartas e a censura

Desde cedo, Inácio de Loyola tratou de normatizar a prática da escrita de cartas. Em 1541, instituiu a *hijuela* (adendo), espécie de carta menor, separada, destinada aos problemas e aos assuntos pessoais, que deveria acompanhar a carta maior, na qual se narrariam somente coisas edificantes. Resolvia-se assim o problema da divulgação: as cartas edificantes serviam para a difusão e a leitura coletiva em voz alta e as *hijuelas* eram privadas e pessoais, e não seriam lidas por pessoas de fora da Companhia.

Como explica Juan Polanco, o secretário de Inácio de Loyola, em 1547, numa circular enviada a todos os membros da Companhia – na qual é criada a instituição epistolar jesuítica e são expostas 20 razões para manterem correspondência regular –, as cartas serviam para conservar a coesão do grupo e facilitar o governo da ordem, para atrair novos membros e para divulgar o trabalho da Companhia entre pessoas de fora que poderiam vir a colaborar. Anos depois, quando começaram a ser impressas em português, espanhol, italiano, francês e alemão, atingindo um número significativamente maior de pessoas, prestaram-se a uma divulgação global do trabalho da Companhia, a seu consequente fortalecimento institucional e ao estreitamento de seus vínculos com as coroas europeias e o papado.

O interessante é que parte dessas cartas não foi publicada em sua versão original. Antes de chegar à tipografia, passaram por um trabalho de edição e reescrita que pretendia, principalmente, tirar do texto conteúdos pouco "edificantes". No calor dos acontecimentos e na urgência de suas tarefas, nem sempre os jesuítas tinham tempo ou espírito para seguir a regra e, muitas vezes, assuntos "de edificação" e assuntos privados e pouco convenientes se misturavam na mesma carta.

Isso parecia acontecer principalmente nas cartas enviadas do Brasil. A tal ponto que, em 1553, o secretário Juan Polanco escreve ao pe. Manuel da Nóbrega, chefe da missão brasileira, lamentando o formato e a escassez das cartas recebidas do Brasil e definindo detalhadamente o que deveria ser escrito nos relatos edificantes. Em meio aos índios canibais e à selvageria dos colonos, provavelmente os nossos jesuítas escreviam ao sabor da pena, na pressa de um dia a dia de sobrevivência. Ou, simplesmente, não escreviam.

As informações que Roma recebia do Brasil eram incompletas e escassas, reclamava o pe. Inácio através de seu secretário, e Nóbrega, a partir das instruções enviadas, deveria botar ordem na casa, fazer com que todos escrevessem e remeter as cartas a Roma. Polanco, em um sintético parágrafo, indica os assuntos a serem abordados nas cartas: 1) informar em quantos lugares há padres da Companhia, quantos há em cada um e o que fazem; 2) dizer como se vestem, o que comem e bebem, em que cama dormem; 3) descrever o clima da região em que estão, a localização geográfica, como são os habitantes, o que vestem, o que comem e quais são seus costumes; 4) definir aproximadamente o número de cristãos e de infiéis; 5) e o que não for de edificação, que se escreva numa carta separada (a famosa *hijuela* do pe. Inácio). Três anos mais tarde, em 1556, com a publicação das *Constituições da Companhia de Jesus*, seriam implantadas as regras detalhadas e definitivas de Inácio de Loyola para a troca de cartas.

Apesar de todas as regras, no momento de copiar os originais das cartas ou de prepará-las para a impressão, os copistas, editores ou tradutores muitas vezes modificavam o texto original, perpetrando desde pequenas alterações ou cortes até extensas modificações. O resultado desse trabalho de edição é a multiplicação das versões de uma mesma carta. Em alguns casos é possível encontrar até quatro versões de uma missiva, de acordo com o objetivo de sua publicação ou com as intenções de seu "editor".

A carta 3 aqui editada, de Manuel da Nóbrega, é um bom exemplo. Nela, o jesuíta pede a seu superior que interceda em favor de um pedreiro. O pedreiro contratado por Nóbrega era um degredado por assassinato, cumprira um dos onze anos a que havia sido condenado e concordara em prestar serviços à Companhia em troca do abatimento de cinco anos de sua pena. O trecho relativo a esse caso foi suprimido no manuscrito quinhentista da Casa de São Roque – pertencente ao acervo da Biblioteca Nacional do Rio de Janeiro – e, consequentemente, nas edições nele baseadas. As relações entre o superior da ordem no Brasil e um assassino degredado devem ter parecido bem pouco convenientes ao copista jesuíta. Outra carta aqui incluída também é notável do ponto de vista das censuras editoriais: trata-se da epístola de Pero Correia (carta 7), drasticamente cortada de modo a retirar as passagens excessivamente emocionais e as referências às "disciplinas" (o autoflagelo público tão apreciado pelos primeiros jesuítas).

Entretanto, a censura mais radical, em se tratando de cartas do Brasil, foi a supressão completa de sua divulgação em território português. À coroa portuguesa não interessava divulgar informações sobre o país, e depois de terem sido impressas em 1551 e 1555, sob os auspícios dos jesuítas, essas cartas não mais foram incluídas nos muitos volumes de cartas jesuíticas impressos no século XVI em Portugal. Enquanto no resto da Europa as missivas brasileiras continuavam sendo publicadas nas sucessivas compilações editadas em várias línguas, em Portugal não figuraram nem mesmo na grande coletânea de 1598. Desapareceram do mercado editorial português, seguindo a política de segredo da coroa portuguesa relativa às terras brasileiras.

As primeiras cartas do Brasil

Os relatos dos jesuítas em seus primeiros anos no Brasil primam por não seguirem um roteiro preestabelecido e por se guiarem pela emoção e pela comoção do momento em que foram escritos. São relatos diretos, objetivos, emotivos, sinceros, em que o espanto do redator com a realidade que relata talvez provoque, ainda hoje, o mesmo impacto sentido por um leitor quinhentista, que saboreava em primeira mão as chocantes informações de uma terra sem lei e habitada por inconstantes canibais.

Os primeiros textos escritos no Brasil a serem publicados – as cartas dos volumes impressos em 1551 e 1555 – nos revelam um panorama algo absurdo. Vejam-se, por exemplo, as cenas relatadas em cartas de Anchieta e de Pero Correia: Piratininga, ano de 1555, índios e jesuítas numa pequenina aldeia recém-instalada, uma procissão caminha sobre o chão de terra irmanando autóctones nus e europeus de batina negra, os meninos entoam cânticos católicos e se autoflagelam em meio à exuberante e virgem natureza do que viria a ser a cidade de São Paulo. Uma cena que nos espanta, mas que igualmente espantava os gentios. Ao narrar as reações dos índios aos rituais católicos introduzidos pela Companhia de Jesus, a palavra mais empregada pelos jesuítas era "espanto". Os índios espantavam-se com a missa cantada e com os enfáticos sermões, espantavam-se com as procissões e os instrumentos musicais usados nelas, espantavam-se, como nós, com o autoflagelo em praça (selva) pública e espantavam-se "de ver a majestade de como entramos e estamos". Nesse encontro de duas culturas tão distantes, quem se espantava mais? Os padres diante dos hábitos "selvagens" dos índios, ou os índios com os "civilizados" hábitos dos jesuítas?

Tão exóticos quanto os índios, os primeiros jesuítas a chegarem ao Brasil o eram também aos olhos da ortodoxia católica. Os revolucionários métodos de conversão por eles empregados, como o uso da língua tupi em missas, sermões e cantigas, o emprego de intérpretes para a confissão de índios, a utilização de melodias indígenas como veículo de letras católicas ou mesmo a adoção do corte de cabelo curumim pelos órfãos portugueses desgostaram profundamente o primeiro bispo do Brasil, Pedro Fernandes Sardinha. Utilizar elementos da cultura do outro para introduzir a própria cultura – movimento que gerou gramáticas e textos escritos em tupi – parecia algo bárbaro ao civilizado (e logo devorado) bispo, que não acreditava no princípio humanístico da educação dos índios e não gostava de vê-los nus nas igrejas da Bahia.

Nas cartas, temos as informações, o panorama da terra, como recomendavam as instruções de Roma, e temos também as reclamações e os insistentes pedidos com que os jesuítas do Brasil tentavam comover seus superiores de modo a tornar sua missão uma tarefa possível, e não uma utopia católica devorada por canibais, colonos perversos e falta de "obreiros". O principal obstáculo não eram os índios ou a natureza hostil, mas os próprios colonos portugueses: os degredados – "a mais vil e perversa gente do reino", segundo Nóbrega – e o restante da população, "pobres e miseráveis" afeiçoados a todos os pecados. Era preciso, reclamam as cartas, povoar o Brasil com gente melhor, preferivelmente casada, que soubesse aproveitar e desenvolver a terra; era preciso, também, que viessem mulheres brancas, órfãs, e mesmo as "erradas", meretrizes, para tentar deter o nascimento da multidão de filhos ilegítimos dos cristãos que abundavam nos sertões. E era urgente que el rei mandasse mais irmãos que ajudassem os que aqui estavam. Havia poucos jesuítas para muitos pecadores e gentios, e, apesar de sua imensa determinação, percebe-se em algumas cartas o desespero de alguns deles: por que el rei está tão avarento de irmãos, por que não manda quem os ajude? Que venham aqueles que "aí já se enfadam de olhar as paredes". E que não mandem somente aqueles "mal dispostos dos corpos".

O panorama era sombrio. Colonos e clérigos da pior categoria, índios selvagens e el rei enviando somente os doentes, como o irmão José de Anchieta, vindo diretamente de um hospital. Como relata uma carta quadrimestre de 1553, os irmãos enviados para o Brasil eram todos "seriamente doentes": "este fato, pela bondade de Deus, não só não lhes serviu de impedimento para a viagem, mas antes tomaram a enfermidade como argumento e motivo ..., que os deixassem ir morrer entre infiéis, porque, quando menos, para o ensino das crianças lá poderiam servir..."

Algumas cartas são relatos domésticos das dificuldades da evangelização, do dia a dia, das missas, procissões, doutrinas, construção de casas e colégios, casos de conversão e milagres divinos. Outras, bem diversamente, são acachapantes relatos de aventuras, perigos hoje inimagináveis, como a carta de Anchieta em que narra a morte dos irmãos Pero Correia e João de Sousa, ou como a de Azpilcueta, a última da edição de 1555, em que ele conta sua própria entrada pela Bahia adentro, enfrentando índios bárbaros, doenças, ataques e chuvas. Em algumas cartas, são tais as perigosas aventuras relatadas, entre canibais e onças pelo sertão, que, ao final, o compungido autor diz esperar que os irmãos não desistam de vir ao Brasil depois de as ler, como faz o pe. Afonso Brás: "que não os esfriem, caríssimos meus, ser os gentios como disse tão mudáveis e inconstantes, para que por isso venhais a perder os fervores e grandes desejos de vir para cá trabalhar por amor de Deus e salvação destas almas".

As edições de 1551 e 1555

As cartas jesuíticas começaram a ser impressas em 1550 e, em 1551, entre os três opúsculos publicados hoje conhecidos, saídos da tipografia de João de Barreira e João Álvares, em Coimbra, estavam dois volumes de cartas escritas da Índia e do Japão e um integralmente dedicado ao Brasil, todos traduzidos do português ao castelhano, língua mais "internacional" àquela época. Eram as primeiras notícias publicadas sobre o Japão (*Copia de unas cartas del padre mestre Francisco...*) e sobre o Brasil. Da *Copia de unas cartas embiadas del Brasil...* só se conhecem dois exemplares: um na Biblioteca Nacional de Lisboa e outro na Biblioteca Mário de Andrade, em São Paulo.

"Del Brasil tenemos buenas nuevas; esperamos de las imprimir; como fuesem impresas las enbiaremos a V.R." Assim escrevia, a 1º de dezembro de 1551, o padre Manuel Leite ao prepósito geral de Coimbra, anunciando a publicação, provavelmente no mesmo ano ou no início de 1552, do opúsculo com seis cartas escritas no Brasil – o mais antigo volume jesuítico sobre o continente americano, a mais antiga publicação portuguesa a tratar do Brasil, segundo o bibliógrafo Francisco Leite de Faria. Nesse volume figura a famosa *Informação do Brasil*, do pe. Manuel da Nóbrega, um dos primeiros textos impressos a descrever a nova terra. As cartas foram publicadas sem indicação de autoria, e algumas trazem a data e o local em que foram escritas. Apesar de não terem sido mais publicadas em Portugal no século XVI, as missivas desse volume foram logo divulgadas na Itália, em 1552, no livro *Avisi particolari delle Indie di Portugallo riccevuti in questi doi anni del 1551,1552*, e várias vezes incluídas em compilações.

Cartas do Brasil são novamente editadas em Portugal na coletânea *Copia de unas cartas de algunos padres ... que escrivieron dela India, Japon y Brasil*, publicada em 1555, também impressa na tipografia conimbricense de João Álvares. É de se notar a rapidez da publicação: uma das cartas é de 24 de junho e a impressão do volume terminou em 13 de dezembro. As cartas trazem indicações de autoria e José de Anchieta é identificado sumariamente como "irmão José". Das nove epístolas, quatro são escritas no Brasil. Há, ainda, uma importante epístola de Malaca, do então noviço Fernão Mendes Pinto, autor da *Peregrinação*. Conhecem-se, hoje, três exemplares dessa coletânea: um na Biblioteca Nacional do Rio de Janeiro, um na Biblioteca Nacional de Lisboa e outro na New York Public Library.

Ao contrário da edição de 1551, em que as cartas parecem estar íntegras (ou quase), dessa vez, na edição de 1555, percebe-se, comparando as versões, que parte dos textos publicados são produto de um atento trabalho editorial. A segunda carta do volume (uma montagem feita a partir de duas quadrimestres), de José de Anchieta, por exemplo, não traz vários trechos importantes das versões originais latinas: não foi incorporada uma passagem sobre uma ameaça de morte feita ao pe. Manuel da Nóbrega, foram suprimidas referências ao pouco ortodoxo cardápio dos primeiros jesuítas, que incluía carne de macaco e de lagarto, e foi retirada a pouco alentadora frase "a nossa Companhia até agora se manteve estéril no Brasil". Essa versão refundida, publicada em 1555, figura em duas coletâneas impressas na Espanha (Barcelona, 1556, e Saragoça, 1561). Também a carta de Pero Correia passou por um minucioso trabalho editorial, mas a versão censurada impressa em 1555 não foi reproduzida nas várias coletâneas italianas, que imprimiram a versão original. No entanto, a última carta, em que o pe. Navarro conta sua impressionante entrada pelos sertões, talvez não tenha sido refundida; como o original espanhol se perdeu, a versão publicada em 1555 é a mais antiga conhecida.

As edições de 1551 e 1555 nos trazem as primeiras cartas do Brasil da forma como foram lidas pelos seus contemporâneos. Traduzidas para o espanhol, pretendiam atingir um público internacional e não apenas os portugueses, apesar de publicadas em Coimbra. Além de fontes históricas da maior importância, de nos revelarem o panorama do que aqui ocorria 50 anos após o descobrimento, além do seu aspecto puramente informativo, as cartas nos mostram os jesuítas como escritores de um gênero nascente, moderno. A objetividade, a simplicidade da redação, a emoção, a temática contemporânea, a intenção de divulgar amplamente fatos ocorridos pouquíssimo tempo antes, essas características fazem das cartas jesuíticas exemplares únicos entre os outros textos publicados no século XVI. Como observou Serafim Leite, o maior estudioso da história jesuítica, as cartas escritas pelos padres da Companhia de Jesus espalhados pelo mundo recém-descoberto e revelado eram as "gazetas do tempo". Esse embrião do jornalismo moderno, misto de documento histórico e texto literário, impressiona ainda hoje não só pela força e brutalidade de suas informações como pelo vigor de sua expressão.

Sheila Moura Hue

Copia de vnas cartas em
biadas del Brasil/ por el padre Nobrega dela
companhia de Jesus: y otros padres que
estan debaxo de su obediẽcia: al padre
maestre Simon preposito de la di-
cha compañia en Portugal: y
a los padres y hermanos
de Jesus de Co-
imbra.
Tresladadas de Portugues en Castellano
Recebidas el año de
M.D.LI.

Cartas de 1551

Cópia de umas cartas enviadas do Brasil pelo padre Nóbrega, da Companhia de Jesus, e por outros padres que estão sob sua obediência, ao padre-mestre Simão, prepósito da dita Companhia em Portugal, e aos padres e irmãos de Jesus de Coimbra. Recebidas no ano de 1551.

Informacion de las partes del Brasil.

LA información que de aquestas partes del Brasil os puedo dar, padres y hermanos charissimos, es que tiene esta tierra mil leguas de costa toda poblada de gẽte, que anda desnuda assi mugeres, como hombres, tirando algunas partes muy lexos donde estoy, adonde las mugeres andan vestidas al traje de Gitanas con paños de algodon, por la tierra ser mas fria que esta, la qual aqui es muy templada. De tal manera que el inuierno no es frio, ni caliente, y el verano aun que sea mas caliente, biẽ se puede sufrir: empero es tierra muy humida, por las muchas aguas, que llueue en todo tiempo muy a menudo. Por lo qual los arboledos y las yeruas estan siempre verdes: y por aq̃sto es la tierra muy fresca. En partes es muy aspa, por los montes y matos que siempre estan verdes. Ay en ella diuersas frutas, que comen los de la tierra, aun que no sean tan buenas como las de alla: las q̃les tãbiẽ creo se darian aca, si se plãtassen. Porque veo darse parras vuas, y aũ dos vezes en el año: empero son pocas, por causa de las hormigas, que hazen mucho daño assi en esto, como en otras cosas. Cidras, naranjas, limones danse en mucha abũdancia: y higos tã buenos, como los de alla. El mãtenimiento comũ de la tierra es vna raiz de palo, que llamã mandioca: del qual hazen vna harina, de que comemos todos. Y da tãbien millo, el qual mezclado con la harina haze vn pan, que escusa lo de trigo. Ay mucho pescado: y tãbien mucho marisco, de que se mantienen los de la tierra, y mucha caça de matos: & gansos que crian los Indios. Bueyes, vacas, ouejas, cabras y gallinas se dan tãbien en la tierra: y ay dellos mucha copia. Los gentiles son de diuersas castas, vnos se llaman Goyanazes, otros Carijos. Este es vn gentio mejor que ay en esta costa: a los quales fueron no a muchos años dos frayles Castellanos a los enseñar: y tãbien tomaron su doctrina, que tenian ya casas de recogimiento para mugeres, como monjas: y otra de hombres, como de frayles. Y esto duro mucho tiempo, hasta que el demonio lleuo alla vna nao de salteadores, y captiuaron muchos dellos. Trabajamos por recojer los salteados: y algunos tenemos ya para los lleuar a su tierra, cõ los quales yra vn

CARTA 1[1]

Pe. Manuel da Nóbrega[2]

Informação das partes do Brasil[3]

Bahia, agosto de 1549[4]

Aos padres e irmãos da Cia. de Jesus em Coimbra

A informação que vos posso dar destas partes do Brasil, padres e irmãos caríssimos, é que tem esta terra mil léguas de costa, toda povoada de gente que anda nua, assim mulheres como homens, tirando algumas partes, muito longe de onde estou, nas quais as mulheres andam vestidas com traje de ciganas,[5] com panos de algodão, por ser a terra mais fria que esta, a qual, aqui, é

1. O original desta carta se perdeu. Conhece-se apenas uma tradução portuguesa presente no manuscrito conhecido como São Roque, da Biblioteca Nacional do Rio de Janeiro. Segundo Serafim Leite, a tradução portuguesa manuscrita é "menos perfeita ou positivamente inexata" comparativamente à versão espanhola publicada em 1551, aqui traduzida.
2. O padre Manuel da Nóbrega (Minho, 1517 – Rio de Janeiro, 1570) estudou nas universidades de Coimbra e de Salamanca, obteve o título de bacharel em cânones e entrou para a Companhia de Jesus em 1544. Chegou ao Brasil chefiando a primeira

muito temperada. De tal maneira que o inverno não é frio nem quente, e o verão, ainda que seja mais quente, bem se pode sofrer; porém é terra muito úmida, pelas muitas águas que chovem todo o tempo mui a miúdo. Pelo que os arvoredos e as ervas estão sempre verdes, e por isso é a terra mui fresca. Em algumas partes é mui áspera[6] pelos montes e matos, que sempre estão verdes.

Há nela diversas frutas de que comem os da terra, ainda que não sejam tão boas como as daí, as quais creio que se dariam aqui, se se plantassem. Porque vejo dar-se parreiras, uvas até duas vezes por ano, porém são poucas, por causa das

missão jesuítica que acompanhara o primeiro governador-geral Tomé de Souza em 1549. Vinha como superior da Companhia de Jesus fundar a missão no Brasil, com o principal objetivo de converter os índios à religião cristã. Viajou por todo o país, embrenhando-se no sertão e atuando de forma dinâmica na evangelização dos índios e na colonização da terra. Em 1553 foi nomeado por Inácio de Loyola primeiro provincial do Brasil. Fundou vários colégios e participou da fundação das cidades de Salvador e São Paulo e das lutas pela conquista e povoamento do Rio de Janeiro. É autor de vasta obra que inclui suas muitas cartas e outros textos, entre os quais se destaca o *Diálogo sobre a conversão do gentio*, de 1557, considerado a primeira obra da literatura brasileira.

3. Também conhecida como *Informação das terras do Brasil*. Há uma outra carta com o mesmo título escrita em 1558.

4. A respeito da datação desta carta, escreve Serafim Leite em sua edição das cartas de Nóbrega: "Na 'Copia' incluem-se cartas do Brasil com a data de agosto de 1551 e diz-se de todas que foram recebidas nesse mesmo ano. Portanto parece que também essa 'Informação'. Mas o contexto trata de assuntos precedentes, por onde seria melhor o ano de 1550. Hoje ainda a damos mais antiga, fixando-lhe o ano de 1549 e o mês de agosto."

5. Nóbrega se refere aos carijós (guaranis) do sul do Brasil. Já Pero Lopes de Sousa, em seu relato de 1535, havia observado índios do sul do Brasil "todos cobertos com peles".

formigas[7] que fazem muito dano nisto como em outras coisas. Cidras, laranjas, limões dão-se em muita abundância, e figos também, tão bons como os daí. O principal mantimento da terra é uma raiz de pau, a que chamam mandioca, da qual fazem uma farinha de que comemos todos. E dá também milho,[8] o qual misturado com a farinha faz um pão que escusa o de trigo. Há muito pescado e também muito marisco, de que se mantêm os da terra, e muita caça de mato, e gansos que criam os índios.[9] Bois, vacas, ovelhas, cabras e galinhas[10] também dão na terra e há deles muita cópia[11].

Os gentios são de diversas castas, uns se chamam goianases[12], outros carijós[13]. É este o melhor gentio que

6. Terra áspera: provavelmente agreste, selvagem, de difícil penetração.
7. Nos manuscritos da *História da província Santa Cruz*, de Pero de Magalhães de Gândavo, as formigas são citadas como um grande empecilho à lavoura.
8. O milho (*Zea mays*) é um vegetal americano; portanto, desconhecido dos europeus antes da descoberta do continente.
9. Nóbrega faz aqui referência ao único animal domesticado pelos índios, o pato-do-mato, *Cairina moschata*.
10. Animais europeus que chegaram ao Brasil com os primeiros colonizadores e já eram abundantes em 1549, na Bahia.
11. Quantidade.
12. No original *goyanases*. Esses índios, não pertencentes à família tupi, eram também conhecidos por aimorés. Os aimorés, na verdade, compreendem diversos povos compostos por várias famílias indígenas. Na época habitavam o sul da Bahia, sendo muito temidos pelos portugueses.
13. As tribos visadas pelos padres distribuíam-se entre a Lagoa dos Patos e Cananéia, mas sabe-se que sua presença no século XVI abrangia o Rio Grande do Sul, Santa Catarina,

há nesta costa, aos quais foram, há não muitos anos, dois frades castelhanos ensinar-lhes,[14] e tão bem tomaram a doutrina que tinham já casas de recolhimento para mulheres, como freiras, e outras de homens, como frades. E isso durou muito tempo, até que o demônio levou lá uma nau de salteadores, e cativaram muitos deles. Trabalhamos por resgatar os cativos, e já temos alguns para os levar à sua terra, com os quais irá um padre dos nossos.[15]

Há outra casta de gentios que se chamam guaimures[16], e é gente que habita pelos matos adentro. Não têm nenhuma comunicação com os cristãos, pelo que se espantam quando nos veem, e dizem que somos seus irmãos porque trazemos barba como eles. A qual não trazem todos os outros, antes rapam até as pestanas, e fazem buracos nos

Paraná, São Paulo e Mato Grosso do Sul. Os jesuítas muito se interessaram pelos carijós por terem informação de que eram mais propícios à conversão, e fizeram várias entradas em direção ao sul para travar contato com eles.

14. Segundo Serafim Leite, os espanhóis são os franciscanos Bernardo de Armenta e Alfonso de Lebrón, que estavam no sul do Brasil em 1541 e acompanharam Alvar Nuñes Cabeça de Vaca em viagem ao Paraguai, retornando à costa do Brasil em 1543. O episódio citado por Nóbrega ocorreu após essa data.

15. Refere-se ao pe. Leonardo Nunes, que a 1º de novembro de 1549 partiu para São Vicente com os índios libertados. Na carta 6, o pe. Nunes relata sua viagem até São Vicente.

16. No original *gaymures*. Os guaimures ou gaimares, mais conhecidos por aimorés, não pertencem ao tronco tupi, mas ao jê. Foram descritos de maneira semelhante por todos os cronistas quinhentistas, sendo os responsáveis pelos arrasadores ataques às populações costeiras que provocaram a derrocada das capitanias de Ilhéus, Porto Seguro e Espírito Santo. Os povos aimorés resistiram por três séculos à conquista de seu território.

beiços e nas ventas, e põem neles uns ossos, que parecem demônios; e assim alguns, principalmente os feiticeiros, trazem o rosto cheio deles. Esses gentios são como gigantes. Trazem um arco mui forte na mão, e na outra um pau muito grosso com que pelejam com seus contrários, e facilmente os despedaçam e fogem para os matos, e são muito temidos entre todos os outros.

Aqueles com quem temos comunicação até agora são de duas castas: uns se chamam tupiniquins[17] e os outros tupinambás[18]. Estes têm casas de palmas mui grandes, e tais que nelas habitariam cinquenta índios casados, com suas mulheres e filhos. Dormem todos em redes de algodão, junto do fogo, que durante toda a noite têm aceso, assim pelo frio, porque andam nus, como também pelos demônios que dizem fugir do fogo, e por esta causa trazem tições à noite, quando saem. Esta gentilidade a nenhuma coisa adora, nem conhece a Deus,[19] somente aos trovões

17. No original *tupeniques*, índios de língua tupi.
18. Índios da família tupi, que habitavam o litoral.
19. Apesar de descreverem várias cerimônias religiosas indígenas, Nóbrega e outros cronistas do século XVI não as reconheciam como uma religião e afirmavam que os índios não possuíam crenças. Na verdade, isso era visto como uma grande vantagem, sob o ponto de vista da missão evangelizadora, porque, desse modo, os indígenas seriam muito mais aptos à educação católica e à conversão do que outros gentios,

chamam tupã,[20] que é como quem diz coisa divina. E assim nós não temos outro vocábulo mais conveniente para trazê-los ao conhecimento de Deus que chamá-Lo pai tupã. Somente entre eles se fazem umas cerimônias da maneira seguinte: de certos em certos anos vêm uns feiticeiros de longes terras fingindo trazer santidade, e ao tempo de sua vinda lhes mandam limpar os caminhos, e os vão receber com danças e festas segundo seu costume. E antes que o feiticeiro chegue ao lugar, andam as mulheres de duas em duas pelas casas dizendo publicamente as faltas que fizeram a seus maridos, e umas às outras, e pedindo o perdão delas.

Em chegando o feiticeiro, com muita festa, ao lugar, entra em uma casa escura e põe na parte mais conveniente para seus enganos uma cabaça que traz em figura humana, e mudando sua própria voz, como a de criança, junto da cabaça, diz-lhes que não cuidem de trabalhar, nem vão à roça, que o mantimento por si próprio crescerá, e que nunca lhes faltará o que comer, e que por si virá a casa, e que as aguilhadas[21] se irão a cavar, e as flechas se irão ao mato caçar para seu senhor, e que hão de matar muitos de

como os hindus, os mouros ou os judeus. Como observa Nóbrega: "não têm ídolos por quem morram".

20. *Tupana* no original.

seus contrários, e cativarão muitos para seus comeres; e promete-lhes longa vida, e que as velhas se hão de tornar moças, e as filhas que as deem a quem quiserem, e outras coisas semelhantes lhes diz e promete, com o que lhes engana; de maneira que creem haver dentro da cabaça alguma coisa santa e divina, que lhes diz essas coisas, nas quais creem. E, acabando de falar o feiticeiro, começam a tremer, principalmente as mulheres, com grandes tremores pelo corpo, que parecem endemoniadas, como decerto o são, lançando-se à terra, espumando pela boca, e nisto lhes persuade o feiticeiro de que então lhes entra a santidade, e quem assim não age, tomam-lhe mal. E depois lhe oferecem muitas coisas. E nas enfermidades dos gentios usam também esses feiticeiros de muitos enganos e feitiçarias. Esses são os maiores inimigos que temos aqui: algumas vezes fazem crer aos enfermos que nós lhes metemos no corpo facas, tesouras e coisas semelhantes, e que com isso os matamos.[22] E em suas guerras os gentios aconselham-se com eles, além de agouros que obtêm de certas aves.

21. No original, *aguijadas*: espécie de enxada; estaca de ponta aguçada e endurecida ao fogo, segundo Serafim Leite.

22. O que não deixava de ser verdade, em determinados casos. Os europeus introduziram doenças que devastaram uma importante parcela da população indígena. Como observa Manuela Carneiro da Cunha, "agentes patogênicos da varíola, do

Quando cativam algum, trazem-no com muita festa, com uma soga[23] ao pescoço, e dão-lhe por mulher a filha do principal, ou qualquer outra que mais lhe contente, e põem-no a cevar como porco, até que o hão de matar; para o que se ajuntam todos os da aldeia para ver a festa. E um dia antes que o matem, lavam-no todo, e no dia seguinte tiram-no para um terreiro, atado pela cintura com uma corda, e vem um deles mui bem ataviado, e lhe faz uma prática[24] sobre seus antepassados; e, acabada, o que está para morrer lhe responde dizendo que é dos valentes não temer a morte, e que ele mesmo matara muitos dos seus, e que aqui ficavam seus parentes, que o vingariam, e outras coisas semelhantes. E, morto, cortam-lhe logo o dedo polegar, porque com ele atirava suas flechas, e o demais fazem em pedaços, para comê-lo assado ou cozido.

Quando morre algum dos seus, põem sobre a sepultura pratos cheios de viandas, e uma rede em que eles dormem, mui bem lavada. Isso porque creem, segundo

sarampo, da coqueluche, da catapora, do tifo, da difteria, da gripe, da peste bubônica provocaram no Novo Mundo o que Dobyns chamou de 'um dos maiores cataclismos biológicos do mundo'".

23. Espécie de corda.

24. Tanto os chefes tribais tupis quanto os pajés eram grandes oradores. Seus principais temas eram a guerra e a vingança, o binômio estruturador de sua sociedade.

dizem, que depois que morrem tornam a comer e descansar sobre a sepultura. Deitam-nos em covas redondas, e, se são principais, fazem-lhes uma choça de palma. Não têm conhecimento de glória nem de inferno, somente dizem que depois de morrer vão descansar num bom lugar, e em muitas coisas guardam a lei da natureza.

Nenhuma coisa própria têm que não seja comum, o que um tem reparte com os outros, principalmente se são coisas de comer, das quais nada guardam para o outro dia, nem curam de entesourar riquezas. Às suas filhas não dão nada em casamento, antes os genros ficam obrigados a servir a seus sogros. A qualquer cristão que entre em suas casas, dão-lhe de comer do que têm e uma rede lavada em que durma.

São castas as mulheres aos seus maridos. Têm memória do dilúvio, porém falsamente, porque dizem que, cobrindo-se a terra de água, uma mulher e seu marido subiram em um pinho e, depois de minguadas as águas, desceram, e deles procederam todos os homens e mulheres. Têm muito poucos vocábulos para lhes podermos bem declarar a nossa fé, mas contudo damos a entender o melhor que podemos, e algumas coisas lhes declaramos por rodeios. São mui apegados às coisas sensuais, muitas vezes me perguntam se Deus tem cabeça, e corpo, e mulher, e se come, e de que se veste, e outras coisas semelhantes.

Dizem eles que São Tomé, a quem chamam Zome, passou por aqui,[25] isso lhes vem do dito por seus antepassados, e que pegadas dele estão assinaladas à beira de um rio, as quais eu fui ver por ter mais certeza da verdade, e vi com meus próprios olhos quatro pegadas, com seus dedos, mui assinaladas, as quais algumas vezes o rio cobre quando enche. Dizem também que quando deixou essas pegadas, ia fugindo dos índios que lhe queriam flechar, e chegando ali, abriu-se-lhe o rio, e passou pelo meio dele até a outra margem, sem se molhar, e dali foi para a Índia. Assim mesmo contam que quando lhe queriam flechar os índios, as flechas se tornavam para eles, e os matos lhe abriam caminho por onde passasse. Outros contam isso como por escárnio. Dizem também que lhes prometeu que havia de tornar outra vez a vê-los. Ele os

25. Em carta escrita na Bahia em 15 de abril de 1549, ao pe. Simão Rodrigues, Nóbrega já havia feito referência às pegadas: "Também me contou pessoa fidedigna que as raízes de que cá se faz o pão que São Tomé as deu, porque cá não tinham pão nenhum. E isto se sabe da fama que anda entre eles, *quia patres eorum nuntiaverunt eis*. Estão daqui perto umas pisadas figuradas numa rocha, que todos dizem serem suas. Quando tivermos mais vagar, havemo-las de ir ver." Nesta *Informação do Brasil*, Nóbrega afirma que já as viu com seus próprios olhos. Provavelmente *zome* era palavra indígena que designava figura religiosa ou mitológica, tendo sido interpretada pelos cristãos como São Tomé.

veja do céu, e interceda por eles junto a Deus, para que sejam trazidos ao seu conhecimento, e recebam a santa Fé, como esperamos.

Isto é o que brevemente, caríssimos irmãos, vos posso informar desta terra. Quando vier a ter mais conhecimento de outras coisas que há nela, não deixarei mui particularmente de disso dar-lhes notícia.

La gracia y amor de nueſtro ſeñor ſea ſiempre en nueſtro continuo fauor y ayuda. Amē. Por algunas cartas que el año paſſado de. 1550. os eſcreuimos, os dimos larga informacion deſtas partes del Braſil, y de algunas coſas que nueſtro ſeñor por ſus ſieruos, que por la ſanta obediencia deſſas partes an ſido embiados ha querido obrar. Los quales al preſente eſtā repartidos por diuerſas capitanias deſta coſta, y de las coſas que el ſeñor por cada vno dellos obra, ſereis por ſus cartas ſabidores, ſolamente os quiero yo dar cuenta delo q̄ en la baya ſe ha acōtecido deſpues que los poſtreros nauios ſe an partido, y tambien deſta capitania de Pernābuco, a donde aura pocos dias que el padre Nobrega y yo ſomos llegados. Primeramēte ſabreis que el P. Nobrega ha llegado a eſta baya de viſitar y correr las capitanias, y luego ordeno q̄el padre Nauarro fueſſe al puerto ſeguro a traſladar las oraciones y ſermones en la lengua deſta tierra, con algunos interpretes que para eſſo auia muy buenos: las quales traſlado muy bien: y es mucho para dar alabanças al ſeñor viēdole predicar mucha parte del viejo teſtamēto y nueuo, y otros ſermones del juyzio, infierno, gloria. &c. En lo qual a todos nos lleua la ventaja, y en eſto tenemos todos mucha falta en carecer dela lengua y no ſaber declarar alos indios lo que queremos por falta de interpretes que ſe lo ſepā como deſſeamos explicar y dezir. Muchos de los gentiles pidē el agua del baptiſmo, mas el P. Nobrega ha ordenado que primero ſe les hagan los cathecismos y exorciſmos, haſta tanto que conozcamos enellos firmeza, y que de todo coraçon crean en Chriſto, y tambien que primero emienden ſus malos coſtumbres. Sō tales los baptizados que perſeueran que es mucho para dar gracias al ſeñor, porq̄ aun que deſonrrados y vituperados delos ſuyos, no dexan de perſeuerar en nueſtra obediencia y crecer en buenos coſtumbres. El pueblo gentil al principio nos daua poco credito, y le parecia que les mentiamos y engañauamos, que los padres y tambiē los legos miniſtros de ſatanas que al principio a eſta tierra vinieron les predicauan y dezian por interes de ſus abominables reſcates. Agora que comiençan a conocer la verdad, y ven el continuo amor con que los padres los tratan y conuer-

CARTA 2

ANTÔNIO PIRES[1]

Uma enviada da capitania de Pernambuco

Pernambuco, 2 de agosto de 1551

Aos padres e irmãos da Companhia de Jesus em Coimbra

A graça e o amor de Nosso Senhor seja sempre em nosso contínuo favor e ajuda. Amém.

Por algumas cartas que vos escrevemos no passado ano de 1550, demo-vos ampla informação destas partes do Brasil e de algumas coisas que Nosso Senhor quis obrar através de seus servos, que pela santa obediência foram a estas partes enviados. Os quais no momento estão repartidos por diversas capitanias desta costa, e, das coisas

1. Antonio Pires (Castelo Branco, 1519 – Bahia, 1572) chegou ao Brasil com o primeiro grupo de jesuítas, em 1549. Foi mestre das obras da Companhia – trabalhou como carpinteiro e pedreiro – e seu vice-provincial. Construiu com as próprias mãos o colégio da Bahia, do qual foi reitor, superintendente e mestre de noviços. Fundou a aldeia de Santa Cruz de Itaparica. Esteve pregando entre os índios no sertão da capitania de Pernambuco. Conhecem-se cinco cartas de sua autoria.

que o Senhor opera através de cada um, sereis pelas cartas deles sabedores.

Quero somente dar-vos conta do que aconteceu na Bahia[2] depois que os derradeiros navios partiram, e também desta capitania de Pernambuco, aonde faz poucos dias que o padre Nóbrega e eu chegamos. Primeiramente sabereis que o pe. Nóbrega chegou a essa Bahia depois de visitar e percorrer as capitanias,[3] e logo ordenou que o padre Navarro[4] fosse a Porto Seguro para trasladar as orações e sermões na língua desta terra,[5] com alguns intérpretes que para isso ele tinha muito bons; as quais trasladou muito bem, e é de muito louvar-se o Senhor vê-lo pregar muitas partes do Velho e do Novo Testamento, e outros sermões sobre o Juízo, o Inferno, a Glória etc. Nisso, a todos ele nos leva vantagem, e disso sentimos todos muita falta, por carecermos da língua e não sabermos declarar

2. Apesar de escrita em Pernambuco, essa carta, com exceção dos últimos dois parágrafos, trata de assuntos relacionados à Bahia. Nóbrega e Antônio Pires partiram da Bahia para Pernambuco em meados de julho.

3. Refere-se às capitanias de Ilhéus e Porto Seguro.

4. O padre espanhol João de Azpilcueta Navarro, autor de duas cartas aqui publicadas (5 e 10), e um dos que mais facilmente aprendeu o tupi. Na carta 5, o padre Navarro faz referência ao intérprete de Porto Seguro e conta como, pouco tempo depois, fez sermões em tupi aos índios. (Ver notas 1 e 10 da carta 5.)

5. Esses seriam os primeiros textos escritos em tupi, a língua usada na conversão religiosa dos índios. Os jesuítas seriam os responsáveis pelo surgimento de uma série de textos escritos na língua indígena, como catecismos, orações, vocabulários, sermões,

aos índios o que queremos,[6] por falta de intérpretes que saibam como desejamos explicar e dizer.

Muitos dos gentios pedem a água do batismo, mas o pe. Nóbrega ordenou que primeiro se lhes façam os catecismos e exorcismos, até que conheçamos firmeza neles e que de todo o coração creiam em Cristo, e também que primeiro emendem seus maus costumes. São tais os batizados que perseveram que há muito para dar graças ao Senhor, porque, embora desonrados e vituperados pelos seus naturais, não deixam de perseverar em nossa obediência e crescer em bons costumes.

No princípio, o povo gentio nos dava pouco crédito, e parecia-lhe que mentíamos e o enganávamos, porque os padres e também os leigos ministros de Satanás, que no princípio vieram a esta terra, pregavam-lhes e diziam por interesse de seus abomináveis resgates.[7] Agora que

poemas, peças de teatro e gramáticas, sendo o mais significativo deles a gramática tupi de José de Anchieta, escrita em 1555 e publicada em 1595.

6. Eram poucos os padres a adquirirem domínio do tupi. Nóbrega, por exemplo, o primeiro provincial dos jesuítas no Brasil, não tinha conhecimento da língua, e viajava acompanhado por vários intérpretes. Dos oito provinciais da Companhia no Brasil no século XVI, José de Anchieta foi o único a dominar o tupi.

7. Os colonos aprisionavam índios libertos ou compravam (trocando por mercadorias) aqueles que estavam presos por seus inimigos, com a intenção de escravizá-los ou de vendê-los posteriormente; essa prática era conhecida por *resgate*. Como explica o pe. Nóbrega em carta da Bahia, de 9 de agosto de 1549: "de maravilha se acha cá escravo que não fosse tomado de salto, e é desta maneira: que fazem pazes com os negros para lhes trazerem a vender o que tem, e por engano enchem os navios deles e fogem com eles."

começam a conhecer a verdade, e veem o contínuo amor com que os padres os tratam e conversam, e o trabalho que pela salvação de suas almas recebem, vão-se dando conta e querem ser cristãos com muito maior vontade e mais firme intenção do que no princípio. Também Nosso Senhor mostrou coisas e mostra a cada dia, pelo que se vão desenganando de nos ter na conta em que antes tinham.

Os cristãos que permanecem são tão nossos que pelejaram contra seus irmãos naturais por defender-nos; e estão a tal ponto submetidos que não querem conviver com seus pais nem com seus parentes. Sabem muito bem as orações, e observam os domingos e festas melhor do que muitos outros cristãos. Em nossa casa, disciplinam-se[8] todas as sextas-feiras e alguns dos recém-convertidos vêm disciplinar-se com grandes desejos. Na procissão da Semana Santa disciplinaram-se alguns, assim dos nossos como dos recém-convertidos, e daí por diante começaram a confessar-se com o padre Navarro em sua língua,[9] porque

8. As *disciplinas* (autoflagelo cristão) foram adotadas pelos jesuítas desde o primeiro ano de sua chegada. Inicialmente, ocorriam no interior das igrejas, mas, depois de uma demonstração pública do padre Navarro, que foi se disciplinando "até a praça onde mora o governador", passaram ao espaço público e eram comuns nas procissões. Havia as "secas" e as "de sangue". Os *disciplinantes* empregavam cordas para se flagelarem. Segundo o padre Nóbrega, as disciplinas eram "pelos que estão em pecado mortal e pela conversão deste gentio e pelas almas do purgatório".

9. Foram as primeiras confissões feitas em tupi, sem intérprete, e o padre Navarro o primeiro a ser capaz de ouvi-las e entendê-las; na Semana Santa de 1551 (entre 22 e 29 de março).

já há muitos que o querem e desejam. Esses hão de ser um grande fundamento para todos os outros se converterem e já começam a ir pelas aldeias com os padres, pregando a fé e desenganando os seus dos maus costumes em que vivem.

Muitas coisas em particular eu poderia escrever, que por minha grande nescidade e por não pensar haver de ser eu o escritor, não as escrevo, assim por não as ter na memória como por não as saber estimar, por falta de caridade.

Grande é a inveja que os gentios têm desses recém-convertidos, porque veem quão favorecidos são eles pelo governador e por outras pessoas principais, e se quiséssemos abrir a porta ao batismo quase todos acorreriam, o que não fazemos senão até percebermos estarem aptos para isso e sabermos quem vêm com devoção e com contrição dos maus costumes em que se criaram, e também para que não tornem a retroceder, mas sim que se mantenham contentes e firmes. Muito mais fruto se poderia fazer se houvesse obreiros, mas o padre Navarro é só quem tem cuidado de tudo isso, porque Vicente Rodrigues[10] teve quartãs[11] por

10. O irmão Vicente Rodrigues (Portugal, 1528 – Rio de Janeiro, 1600) chegou ao Brasil com Nóbrega, na primeira missão. Foi o primeiro mestre-escola do Brasil. Também trabalhou como agricultor e tecelão, ofício que aprendeu na viagem de vinda, com um oficial-tecelão, com a intenção de ensinar ao índios. Em 1553, quando foi com Leonardo Nunes e Anchieta a São Vicente, já havia se ordenado padre.
11. Febres; provavelmente malária.

muito tempo, e também Salvador Rodrigues[12], desde que veio até agora, teve a mesma doença e outras más disposições. Ao padre Nóbrega já muito lhe ocupam os contínuos sermões e doutrina, além de outros negócios espirituais que nunca faltam entre os cristãos. A mim o padre Nóbrega deu o encargo da casa; disso me ocupei até agora. Todos os outros padres estão repartidos por diversas partes, mas são tão poucos que não bastam para todas, pelo que muita é a messe[13] que se perde por falta de segadores.[14]

Entre outras coisas, quero contar-vos uma de um principal desta terra, o qual havia alguns dias pedia a água do batismo e, como tinha duas mulheres, não lha queríamos dar, embora soubéssemos que uma delas não a tinha senão para servir-se dela. Um dia, com grande urgência e eficácia, pediu o batismo, e batizou-o o padre Navarro, e daí a seis ou sete dias adoeceu de câmaras[15]; e ia-se consumindo até que percebeu que havia de morrer, e duas noites antes que morresse mandou chamar o padre Navarro para acompanhá-lo e ensinar-lhe como havia de morrer, e pedia-lhe que dissesse muitas vezes

12. O padre Salvador Rodrigues chegou ao Brasil em 1550: era um dos quatro integrantes da segunda missão. Foi o primeiro jesuíta a morrer no Brasil, em 1553.

13. Colheita.

14. Ceifadores.

15. Adoecer de câmaras: ter diarreia. Eram as então comuns "câmaras de sangue"; disenteria infecciosa.

o nome de Jesus e o de Santa Maria Nossa Senhora, e também dizia com o padre esses santos nomes até perder a fala, e antes que a perdesse vestiu uma roupa que tinha e mandou que os seus o enterrassem com ela e em sagrado, como era costume dos cristãos, e deu o espírito a Deus estando o padre Navarro dizendo missa por ele, pelo que não pôde estar presente à sua morte. Disse ao padre Navarro uma sua irmã, que estava presente à sua morte, que o morto lhe havia dito antes de perder a fala: "Irmã, não vês?" E ela lhe respondeu que não via nada e, tornando ele a perguntar-lhe a mesma coisa, ela lhe respondia da mesma maneira, até que, com grande alegria, ele disse: "Vejo, minha irmã, os vermes folgando na terra, e nos céus grandes alegrias e prazeres. Fica em paz, que eu me quero ir", e assim acabou.

Enterramo-lo numa igreja que havíamos feito para os recém-convertidos. Alguns feiticeiros quiseram estorvar-nos mas não puderam, e espalharam que o santo batismo o matara,[16] ignorando que Nosso Senhor lhe havia feito

16. Os pajés, não de todo erroneamente, em sua luta contra os jesuítas, afirmavam que o batismo trazia doença e morte, que a água do batismo era um veículo para os agentes patogênicos. Como observa o antropólogo Carlos Fausto, batismo e doença ficaram associados no espírito dos povos tupis. O próprio Nóbrega, em carta de 10 de agosto de 1549, relata: "Só de uma coisa estamos espantados, que quase todos que batizamos adoeceram, uns da barriga, outros dos olhos, outros de inchações; e tiveram ocasião os seus feiticeiros de dizer de nós, com a água com que os batizamos, lhes damos a doença e com a doutrina, a morte."

muito grande mercê, em tirá-lo dentre eles e levá-lo para sua santa glória, como se deve crer. Esse homem nos deu entrada nesta terra, e em sua maneira de viver não estava fora da lei natural e de razão, o que em muito poucos gentios tenho visto nesta terra. Ficou um seu irmão como principal, o que tem por nome Simão – sendo o morto dom João –, com o qual envergonhamos aqui os maus cristãos, porque é muito virtuoso e fora dos costumes dos outros, e também sua mulher e filhos, os quais nos estão prometidos para que os ensinemos, e por falta de casas e mantimentos não o podemos fazer.

Agora, quando estão doentes alguns dos novos cristãos ou quando morrem, já chamam os padres para que roguem a Deus por eles e para que assistam à sua morte, e os enterrem depois de mortos. Mas Satanás, que nesta terra tanto reina, ordenou e ensinou aos feiticeiros muitas mentiras e enganos para impedir o bem das almas, dizendo que, com a doutrina que lhes ensinávamos, nós os arrastávamos à morte, e se algum adoecia diziam-lhe que ele tinha anzóis no corpo, facas ou tesouras que lhe causavam aquela dor; e fingiam tirá-las do corpo com suas feitiçarias. Essas e outras manhas sói usar nesta sua geração, na qual há tanto tempo reina, temendo ser despojado de sua tirania.

Uma coisa vos quero contar, que é de grande admiração, sobre a grande justiça e misericórdia do Senhor. A qual é que, junto da Bahia, a seis ou sete léguas, a uma ilha[17] onde vive uma linhagem que já teve guerra com esses da Bahia, e agora estavam em paz, ocorreu de ir, na segunda oitava de Páscoa,[18] um barco com quatro homens brancos[19] a resgatar sem licença do governador, e não iam ainda confessados, e segundo se diz iam pecar com algumas negras[20] com as quais estavam concertados; e, ao descerem eles a terra, os negros[21] determinaram matá-los em vingança de uns seus irmãos que os cristãos haviam assaltado e matado já fazia tempo. Conhecendo os cristãos a determinação deles e querendo fugir, antes que chegassem ao barco foram mortos e depois comidos. Alguns dos nossos se juntaram e foram contra eles, e prenderam dois velhos principais e uma mulher, e entregaram-nos ao governador, prometendo-lhes que prenderiam mais, se pudessem. Os dois velhos eram tios dos que haviam matado os cristãos, e a eles falou o pe. Nóbrega com um intérprete, dizendo-lhes que, já que iam morrer, que morressem como cristãos e persuadiu-os com

17. Provavelmente, trata-se da ilha de Itaparica.
18. 31 de março de 1551.
19. Segundo carta de Tomé de Sousa ao rei de Portugal, d. João III, escrita na Bahia em 18 de julho de 1551, nesse barco iam "uns quatro degredados e homens de mau viver".
20. Índias.
21. Índios.

razões e levou-lhes alguns dos recém-convertidos para tirá-los de seu engano e convencê-los. Quis o Senhor que com grande vontade eles quisessem e foram batizados, e sempre com o nome de Jesus na boca, e fitando o céu, acabaram suas vidas na boca de uma bombarda, os quais eu bem creio que estão salvos, tanto quanto temo que os cristãos que os deles mataram estejam condenados, por suas obras e vida condenada, se em seu fim Cristo Nosso Senhor não os tiver socorrido. Depois, os habitantes daquela ilha, que haviam fugido de medo, voltaram a povoá-la por causa dos muitos mantimentos que nela tinham, e trouxeram muita gente do sertão em sua ajuda contra os brancos e seus ajudantes, pelo que conveio ao governador enviar quase toda a gente da terra, ficando ele com muito poucos guardando a cidade.

E foi com essa gente o pe. Nóbrega, com uma cruz na mão, que dava grande consolação aos cristãos e espanto e terror aos índios, o qual ia confessar os feridos e ajudar os mortos, se os houvesse. Mas quis Nosso Senhor ajudar os cristãos porque havendo os recém-convertidos, que iam na dianteira, começado a ir às flechadas contra os índios, e vendo que os nossos se chegavam muito a eles, fugiram para o mato, desamparando a aldeia, a qual foi queimada com outra da mesma casta, que ficava em outra ilha próxima desta, a qual também desampararam, e fugiram e mataram dois deles.

Nessa aldeia, acharam muito mantimento, que os homens pobres da armada trouxeram. Estão agora os negros tão medrosos que qualquer jugo de bem viver que lhes seja apresentado, eles o aceitarão, ainda que por temor e medo dos brancos.

Na Bahia está principiada uma casa, em que se recolham e se ensinem as crianças dos gentios novamente convertidos.[22] A qual se começou com alguns mestiços da terra e com alguns dos órfãos que de lá vieram no galeão.[23] É coisa que fizemos por nossas mãos,[24] embora seja de pouca duração, e tomamos terra para manutenção das crianças,[25] já começam os filhos dos gentios a fugir de seus pais e vir até nós, e, por mais que façam, não os podem afastar da conversação[26] com as outras crianças, tanto é que, à nossa partida da Bahia, chegou um escalavrado e sem comer um dia inteiro, fugindo de seu pai para nós.

22. Recém-convertidos.
23. Sete órfãos chegaram de Portugal no galeão São João Batista, conhecido como galeão velho, de Dom Simão da Gama, em 1550, e foram aqui admitidos como noviços. (Ver nota 8 da carta 3.)
24. O padre Antônio Pires registra, neste trecho, como ajudou a construir o colégio da Bahia com suas próprias mãos.
25. A sesmaria Água de Meninos, doada pelo governador Tomé de Sousa, a pedido de Nóbrega, em 21 de outubro de 1550.
26. Convivência.

Cantam todos uma missa a cada dia e ocupam-se de outras coisas semelhantes. Agora se ordenam cantares nessa língua, os quais cantam os mamelucos pelas aldeias, com os outros.[27] E já teríamos a casa cheia se os pudéssemos sustentar e se tivéssemos onde os recolher, e daqui a poucos meses haverá mantimentos para podermos tomar mais, e por isso repartimos alguns dos meninos órfãos pelas outras capitanias.

É tão grande o temor, em algumas dessas aldeias, e a reverência que têm aos padres, que não ousam abertamente comer carne humana, de maneira que estão esses gentios, principalmente os da Bahia, preparados para fazer-se neles grande fruto, mas somos aqui tão poucos e tão repartidos, e as necessidades são tantas entre os cristãos, as quais fomos mais obrigados a acudir, que não sei como suportais, caríssimos irmãos, estar tanto tempo nessa casa, havendo aqui tantas necessidades esperando por vós.

Muito grande fruto se fez nesta costa entre os cristãos e evitaram-se grandes pecados, e fizeram-se muitos casamentos a serviço de Deus, e alguns foram com mulheres da

27. O canto foi uma das estratégias de evangelização dos índios implantadas pelo padre Manuel da Nóbrega. Simão de Vasconcelos, em sua *Crônica da Companhia de Jesus*, observa: "Nóbrega ordenou que pusessem em solfa as orações e documentos mais necessários de nossa Santa Fé; porque à volta da suavidade do canto entrasse em suas almas [dos índios] a inteligência das coisas do Céu." (Ver nota 9 da carta 7.)

terra. Disso resulta grande louvor a Cristo Nosso Senhor, e será um grande princípio de fé acrescentar a terra e a santa fé católica. De maneira que está este porto[28] tão reformado[29] que não sei de terra povoada por gente tão mal acostumada em pecados como esta que possa estar tão reformada em bons costumes e virtudes. O governador,[30] por sua bondade, nos ajuda muito, e em tudo favorece a nossa causa. Os escravos[31] que aqui viviam tão gentilicamente, como antes o faziam em suas terras quando eram gentios, neles se fez grande fruto, porque sabem já as orações e ensinam-lhes a viver virtuosamente. Trabalhamos por pôr nesta terra o costume de casar os escravos com as escravas à porta da Santa Igreja. Muitos se casaram e casar-se-iam muitos mais se acreditassem seus senhores que assim não ficam forros. Com a vinda do senhor bispo esperamos que se faça nisso grande proveito,[32] e se remediará todo o demais, porque há muitas fazendas que têm muitos escravos e escravas.

28. Refere-se à Bahia.
29. Livre dos maus hábitos anteriores e convertido aos hábitos cristãos.
30. Tomé de Sousa, grande amigo do pe. Manuel da Nóbrega.
31. Índios escravizados pelos colonos.
32. Ao contrário da expectativa dos jesuítas, a vinda do primeiro bispo, Pedro Fernandes Sardinha, em 1552, não contribuiu para o trabalho da Companhia no Brasil. O bispo e o pe. Nóbrega não se entenderam.

Francisco Pires[33] está em Porto Seguro e esteve com ele até agora Vicente Rodrigues, e veio agora a esta costa a comunicar algumas coisas ao pe. Nóbrega, na qual adoeceu e não pôde mais tornar. Mandou fazer ali uma ermida,[34] na qual a gente é mui devota e é muito visitada por romarias. Diz-se por toda a costa que uma fonte que se abriu depois da fundação da ermida dá saúde aos enfermos.[35] Francisco Pires tem o cuidado de fazer doutrina aos escravos e visitar algumas aldeias de gentios que estão perto dali; das quais tomou consigo alguns meninos para os ensinar. Estão com grandes desejos, irmãos caríssimos, vos aguardando *solus tanquam agnus in médio luporum.*[36]

Afonso Brás[37] e Simão Gonçalves[38] estão ao presente no Espírito Santo, têm começada uma casa na qual temos esperança que se criarão muitos mancebos dos gentios, porque a terra é a mais abastada e melhor

33. O padre Francisco Pires chegou ao Brasil com a segunda missão jesuítica, em 1550, indo estabelecer-se em Porto Seguro, onde fundou a capela de Nossa Senhora da Ajuda. Foi reitor do Colégio da Bahia e morreu em 1586.

34. A Igreja de Nossa Senhora da Ajuda, na hoje vila turística de Arraial d'Ajuda.

35. A fonte existe até hoje e continua sendo objeto de peregrinação.

36. " ... tão solitário quanto o cordeiro em meio aos lobos." *Mat.* 10, 16.

37. Autor da carta 4.

38. Simão Gonçalves, "soldado espingardeiro", foi um dos primeiros irmãos a serem admitidos pela Companhia no Brasil. Trabalhou, com o irmão Vicente Rodrigues, ensinando os meninos dos primeiros colégios. Morreu em Piratininga em 1572.

de toda esta costa segundo dizem todos. Há ali muitos escravos, nos quais se faz muito proveito.

Leonardo Nunes[39] e Diogo Jácome[40] estão em São Vicente,[41] também têm feita uma grande casa, na qual se há de recolher e ensinar todas as crianças dos gentios novamente batizadas. Dilatou-se sua ida aos carijós por muitos respeitos, principalmente por não haver quem pudesse sustentar essa casa e reger os meninos dela.

O padre Manuel de Paiva[42] chegou há pouco da capitania dos Ilhéus, e deixa aquele povo com muita saudade de si. Está agora na Bahia e tem cuidado da casa.[43]

39. O padre Leonardo Nunes (autor da carta 6) chegou ao Brasil com o padre Nóbrega, na primeira missão jesuítica. Foi o primeiro missionário enviado a São Vicente (aonde chegou entre o fim de 1549 e o início de 1550), onde construiu igreja e seminário.
40. O irmão Diogo Jácome chegou ao Brasil na primeira missão jesuítica. Percorreu as capitanias da Bahia, de Ilhéus, Porto Seguro, São Vicente, Rio de Janeiro e Espírito Santo. Foi mestre-torneiro e trabalhou como carpinteiro em várias construções em São Vicente e no Rio de Janeiro. Atuou como médico na epidemia de varíola que atingiu os índios em 1564. Morreu no Espírito Santo em 1565. Dele disse Nóbrega, em carta de 1549: "[Leonardo Nunes] leva por companheiro Diogo Jácome para ensinar a doutrina aos meninos, o que ele sabe bem fazer; eu o fiz já ensaiar na nau, e é um bom filho".
41. A chegada de Leonardo Nunes a São Vicente, e a viagem até lá, são matéria da carta 6.
42. O padre Manuel de Paiva chegou ao Brasil com a segunda missão jesuítica. Foi o primeiro reitor do Colégio de São Paulo, e trabalhou como pedreiro e carpinteiro em várias construções jesuíticas. Em Piratininga, a 25 de janeiro de 1554, rezou a missa que marca a fundação da cidade de São Paulo. Participou de várias expedições militares contra os tamoios. Morreu no Espírito Santo, onde foi reitor do colégio, em 1583.
43. Manuel de Paiva substituiu Manuel da Nóbrega na Bahia, enquanto este esteve em Pernambuco.

O padre Nóbrega e eu partimos haverá quinze ou vinte dias para esta capitania de Pernambuco, aonde há seis ou sete dias chegamos com grande fortuna. Porque estivemos muitas vezes quase perdidos, mas quis Nosso Senhor por Sua misericórdia livrar-nos de tantos perigos, e aqui fomos muito bem recebidos por esse povo, principalmente pelos capitães,[44] que são homens virtuosos e amigos de Deus. E porque esta terra é povoada por muita gente há também nela muitos pecados, mas ainda que assim seja, parece-me que a gente é dócil e bem inclinada. Há também aqui muitos escravos. E os gentios desta terra parece que são melhores do que os de todas as outras partes, porque sempre conversaram[45] com melhor gente que os das outras capitanias. Temos esperança de que se há de fazer muito fruto.

O pe. Nóbrega prega todos os domingos e dias santos, e às tardes faz uma prática à maneira de sermão, às quintas faz outra aos disciplinantes e é muito bem tomado por todos. Foi coisa para dar muitas graças ao Senhor ver neste domingo passado uma igreja mui grande cheia de escravos que vinham ouvir a doutrina, que seriam cerca de mil, fora os que estão nas fazendas, que são muitos,

44. Os "capitães" de Pernambuco eram o donatário Duarte Coelho e sua mulher, d. Brites de Albuquerque.
45. Conviveram.

porque há fazendas que têm duzentos escravos. O pe. Nóbrega me fez pregador, pois que vós, irmãos meus, tardais tanto. Trouxe as orações e os sermões escritos nesta língua, espero agora me exercitar com eles.[46] Logo que chegamos, muitos começaram a se afastar de suas mancebas e de outros pecados, parece-me que foi por medo, por lhes parecer que trazemos poder para os castigar, queira Nosso Senhor que não as tornem a tomar. Chamam-nos os negros e escravos de vigários temerosos, porque os cristãos desta capitania por este nome de vigários nos chamavam. Os moradores desta capitania se dão grande pressa em nos ordenar uma casa e andam escolhendo sítio. Estão mui aparelhados para nos ajudar em tudo o que nos for necessário para o serviço de Deus. Casam-se muitos, o que antes não se fazia, porque queriam mais estar amancebados com suas escravas e com outras negras forras. Aqui nesta terra há um costume, que a maioria dos homens não recebe o santo sacramento, porque têm as negras com que estão amancebados em tanto que há homens que há vinte anos que não comungam, e confessam-nos e absolvem-nos. Tudo isso se faz pelas nossas costas, pois agora é nosso ofício remediá-los.

46. Nesse trecho fica evidente que os sermões e orações traduzidos serviam principalmente para que os padres pudessem pregar na língua da terra.

O maior trabalho que agora temos é que haverá nesta povoação algumas cinquenta negras ou mais, afora outras que estão pelas fazendas, as quais foram trazidas das aldeias pelos brancos para as ter como mancebas. Eles logo as faziam cristãs para que o pecado não fosse tão grande. Não sabemos dar a isto atalho, porque se as tirarmos hão de tornar às aldeias, e assim faz-se injúria ao sacramento do batismo, e se não as tirarmos estarão uns e outros em pecado mortal. Tenho esperança que por meio de vossas orações o Senhor nos há de mostrar o que havemos de fazer. Elas andam tão devotas, principalmente as forras, que, pelo que nos mostram, se lhes pudéssemos ordenar alguma outra maneira de vida, facilmente as apartaríamos do pecado. Há entre elas uma muito antiga[47] entre os brancos, à qual todas as outras obedecem, porque anda com uma vara nas mãos e tem cuidado de as ajuntar para a doutrina. Esta se levantou à uma da madrugada, duas ou três horas antes do amanhecer, e em voz alta apregoava nossa vinda, animando as outras, dizendo que já o dia era chegado, que até aqui havia sido sempre noite, que saíssem de seus males e pecados e fossem boas e cristãs, dizendo mal de seus costumes e louvando os nossos. Muitas dessas

47. Seria, segundo Serafim Leite, a índia forra Maria da Rosa, que se tornaria honrada e rica, além de "grande língua", se casaria com o capitão Pedro Leitão, e viria a ser a fundadora da igreja e do convento de Nossa Senhora da Conceição, em Olinda.

se nos vêm a casa, sentam-se de joelhos, dizendo com muita lástima que até aqui tanto elas como seus filhos foram selvagens e que por amor de Deus as ensinemos e doutrinemos.

Recebemos aqui[48] umas cartas vossas que foram feitas no mês de setembro e outras poucas que vieram por via da capitania dos Ilhéus, as quais foram trazidas por dois dos meninos órfãos que enviaram de Lisboa. Agora se esperava na Bahia os navios del rei nosso senhor que ainda não tinham chegado, parece-nos que trarão muitas cartas e novas vossas, pelas quais não podemos aguardar para não perder a embarcação,[49] e por isso não as respondemos.

Nesta terra,[50] pela falta que há de oficiais, a necessidade nos faz aprender todos os ofícios, porque eu vos digo que pelos ofícios que nesta terra aprendi poderia já viver.[51]

Cristo Nosso Senhor nos faça bem aprender e obrar o ofício de perfeição para que nossos trabalhos e serviços lhe sejam aceitos, e para isto, irmãos meus em Cristo, nunca vos esqueçais de ter contínua memória de nós em vossos sacrifícios e orações.

Desta capitania de Pernambuco, a 2 de agosto de 1551.

48. Aqui, na Bahia.
49. A embarcação que os levaria a Pernambuco.
50. Refere-se ao Brasil em geral.
51. Não raro, os padres da Companhia, pela falta de "oficiais" na terra, exerciam e aprendiam vários ofícios, como o de pedreiro, carpinteiro, tecelão, cozinheiro, sapateiro, cirurgião, médico, torneiro, entre outros. Antonio Pires foi exímio carpinteiro, ofício que aprendeu no Brasil.

Otra de otro padre embiada de la miſma capitania de Pernãbuco.

EN eſtas partes deſpues que aca eſtamos, chariſſimos pa
dres y hermanos, ſe a hecho mucho fruto. Los gẽtiles,
q̃ parece q̃ poniã la biẽauẽturãça ẽ matar ſus cõtrarios
y comer carne humana, y tener muchas mugeres, ſe
vã mucho emẽdãdo: y todo nueſtro trabajo cõſiſte ẽ los
apartar deſto. Porq̃ todo lo de mas es facil, pues no tienẽ idolos: aũ q̃
ay entre ellos algunos, que ſe hazẽ ſantos y les ꝓmetẽ ſalud, y victo-
ria cõtra ſus enemigos. Cõ quãtos gẽtiles tẽgo hablado en eſta coſta
en ninguna halle repugnãcia a lo que le dezia: todos quierẽ y deſſeã
ſer Chriſtianos: pero dexar ſus cuſtũbres les parece aſpero: vã cõ to
do poco a poco cayẽdo en la verdad. Aſſi los eſclauos de los Chriſtia
nos, y los miſmos Chriſtianos mucho ſe tienẽ emẽdado: y cierto que
las capitanias que tenemos viſitado tienẽ tãta differẽcia de lo q̃ dã-
tes eſtauã, aſſi enel conocimiẽto de dios como en obrar la virtud, que
parece vna religiõ. Hazẽſe muchos caſamientos entre los gẽtiles, los
quales en la baya eſtã jũto a la ciudad, y tienẽ ſu igleſia cabe vna ca-
ſa, adõde nos recogemos, en la qual reſide a ora el. P. Nauarro. Eſtos
determinamos tomar por medio de otros muchos, los quales eſpera
mos cõ la ayuda del ſeñor hazer Chriſtianos. Tãbiẽ procuramos de
auer caſamiẽtos entre ellos y los Chriſtianos. Nueſtro ſeñor ſe ſirua
de todo, y nos ayude cõ ſu gracia, aũ que trabajemos, que todos ven
gã a conocimiẽto de nueſtra fe, y a todos la enſeñemos, que la quierẽ
oyr, y della ſe aprouechar: principalmẽte pretẽdemos de enſeñar biẽ
los moços. Porque eſtos biẽ doctrinados y acuſtũbrados en virtud ſe
rã firmes y cõſtãtes: los quales ſus padres dexã enſeñar, y huelgã con
eſſo. Y por tãto nos repartimos por las capitanias, y cõ las lẽguas que
nos acõpañan nos ocupamos en eſto, aprẽdiẽdo poco a poco la lẽgua,
para que entremos por el ſertõ a dẽtro, adõde aun no hã llegado los
Chriſtianos: y tẽgo ſabido de vn hõbre gẽtil que eſta en eſta tierra, q̃
biuẽ en obediẽcia de quiẽ los rige, y no comẽ carne humana. Andan
veſtidos de pieles. Lo qual todo es vna diſpoſiciõ para mas facilmẽte
ſe cõuertir y ſuſtẽtar. Eſto ſera lo primero que acometeremos, como
V. R. mãdare, quiẽ ſuſtente eſtotras partes, en las q̃les por cada vna
de las capitanias tengo ordenado hazerſe caſas para recoger y enſe

CARTA 3

Pe. Manuel da Nóbrega[1]

Outra, de outro padre, enviada da mesma capitania de Pernambuco

Pernambuco, 11 de agosto de 1551[2]

Ao padre Simão Rodrigues[3] em Lisboa

Nestas partes, desde que aqui estamos, caríssimos padres e irmãos, se fez muito fruto. Os gentios, que parece que punham sua bem-aventurança em matar seus contrários, comer carne humana e ter muitas mulheres, se vão muito emendando, e todo o nosso trabalho consiste em apartá-los disso. Porque todo o demais é fácil, pois não têm ídolos, ainda que haja entre eles alguns que se fazem de santos, e lhes prometem saúde e vitória contra seus

1. Ver nota 2 da carta 1.
2. Essa carta está diretamente relacionada à anterior, escrita a 2 de agosto do mesmo ano, também em Pernambuco. Nas duas epístolas temos os depoimentos dos dois jesuítas – Nóbrega e Antônio Pires – que foram juntos a Pernambuco.
3. O padre Simão Rodrigues era provincial de Portugal e foi um dos fundadores, ao lado de Inácio de Loyola e Francisco Xavier, da Companhia de Jesus. A princípio,

inimigos. A quantos gentios tenho falado nesta costa, a nenhum causa repugnância o que lhes dizemos, todos querem e desejam ser cristãos, mas lhes parece áspero deixar seus costumes; vão contudo pouco a pouco caindo na verdade. Assim os escravos dos cristãos e os próprios cristãos muito se têm emendado, e é certo que as capitanias que temos visitado andam em tanta diferença do que antes estavam, assim no conhecimento de Deus como em obrar a virtude, que parece uma religião. Fazem-se muitos casamentos entre os gentios, os quais, na Bahia, ficam junto à cidade, e têm sua igreja atrás de uma casa,[4] onde nos recolhemos, e na qual habita agora o padre Navarro.[5] Estes determinamos tomar por meio de outros muitos, os quais esperamos com a ajuda do Senhor fazer cristãos. Também procuramos fazer casamentos entre eles e os cristãos.

Nosso Senhor se sirva de tudo e nos ajude com Sua graça, que trabalhemos para que todos venham ao conhecimento da nossa fé, e para que a ensinemos a todos os que a querem ouvir e dela aproveitar-se.

pensava em ir pessoalmente chefiar a missão do Brasil, mas problemas internos da Companhia fizeram com que enviasse em seu lugar o bacharel em cânones Manuel da Nóbrega.

4. Segundo Serafim Leite, esse sítio deve ser a aldeia do principal Simão, sobre o Gamboa, hoje dentro da cidade de Salvador.

5. O padre João de Azpilcueta Navarro.

Principalmente pretendemos ensinar bem aos moços, porque estes bem ensinados e acostumados à virtude serão firmes e constantes, os quais os pais nos deixam ensinar e folgam com isso. E para tanto nos repartimos pelas capitanias, e com os línguas[6] que nos acompanham disso nos ocupamos, aprendendo pouco a pouco a língua, para que entremos pelo sertão adentro aonde ainda não chegaram cristãos. E tenho ouvido sobre um gentio que está nesta terra que vive em obediência de quem os rege e não come carne humana, anda vestido de peles,[7] o que é toda uma disposição para mais facilmente se converterem e sustentarem. Isto será o primeiro que cometeremos, quando Vossa Reverendíssima mandar quem sustente essas outras partes, nas quais em cada uma das capitanias ordenei fazer casas para recolher e ensinar os meninos dos gentios e também dos cristãos, e para que nelas recolhamos alguns línguas para esse efeito.

Os meninos órfãos, que nos enviaram de Lisboa, com seus cantares[8] atraem a si os filhos dos gentios e edificam

6. Os línguas: intérpretes do tupi e com desenvoltura oratória nessa língua.
7. Os índios carijós, a que Nóbrega também se refere na carta 1.
8. Em 1550, juntamente com a segunda missão jesuítica, chegaram sete órfãos, vindos do Colégio dos Meninos Órfãos de Lisboa, fundado pelo jesuíta catalão Pedro

muito os cristãos. Nesta capitania de Pernambuco, onde agora estou, tenho esperança que se fará muito proveito porque, como é povoada por muita gente, há grandes males e pecados nela. Muitos filhos de cristãos andam pelo sertão perdidos entre os gentios; sendo cristãos vivem em seus bestiais costumes. Espero em Nosso Senhor de torná-los todos à virtude cristã e tirá-los da vida e dos costumes gentios, e o primeiro que salvei é esse que lá envio[9] para que, se acharem seu pai, lho deem.

Os gentios vêm de muito longe para ver-nos, pela fama que temos, e todos mostram grandes desejos. É muito para folgar vê-los na doutrina; e não contentes com a cotidiana, nos estão sempre pedindo que os ensinemos em casa, e muitos deles com lágrimas nos olhos.

Escreveram-me agora da Bahia que quando partimos se haviam perdido dois barcos de índios que iam pescar, nos quais iam muitos, tanto dos que já eram cristãos quanto dos gentios, e aconteceu que todos os gentios

Domenech, onde os antigos "moços perdidos, ladrões e maus, que aqui chamam patifes" foram transformados em meninos cristãos, ensinados nas artes do canto. Se em Portugal encantavam a audiência cantando orações e cantigas a Nossa Senhora, no Brasil conquistaram os índios cantando as mesmas cantigas "na língua da terra declaradas".

9. Nóbrega refere-se novamente a esse rapaz em carta de 13 de setembro de 1551, também escrita em Pernambuco: "dos quais já lá mandei um mancebo que estava perdido e comia carne humana como o gentio, para lá servir e ter alguma notícia da cristandade".

morreram e escaparam todos os cristãos, até os meninos que levavam consigo. Parece que Nosso Senhor faz tudo isso para mais aumentar a sua santa fé.

O governador[10] determinou de ir logo correr essa costa, e eu irei com ele, e dos padres que Vossa Reverendíssima enviar levarei alguns comigo para deixar as capitanias providas. El rei nosso senhor escreveu ao governador que lhe escrevesse se já havia padres em todas, as quais, sem faltar nenhuma, temos visitadas, e em todas estão padres, senão nesta em que agora estou, chamada Pernambuco, que é a principal e mais povoada, e onde mais aberta está a porta, à qual até aqui não havíamos vindo por falta de embarcação e por sermos poucos.

Os clérigos desta terra[11] têm mais ofício de demônios que de clérigos, porque além de seu mau exemplo e maus costumes, querem contrariar a doutrina de Cristo e dizem publicamente aos homens que lhes é lícito estar em pecado com suas negras, pois que são suas cativas, e que podem ter os assaltados[12], pois que são cães e outras coisas semelhantes, por escusar seus pecados e abominações. De

10. Tomé de Sousa.
11. Refere-se ao Brasil, e não especificamente a Pernambuco.
12. Os índios escravizados.

maneira que aqui nenhum demônio temos que nos persiga senão estes. Querem-nos mal, porque fomos contrários a seus maus costumes, e não podem sofrer que digamos as missas de graça, em detrimento de seus interesses. Penso que se não fosse pelo favor que temos do governador e dos principais da terra, e ainda porque Deus não quer permitir, que já nos teriam tirado a vida. Esperamos que venha o bispo,[13] que proveja isso com temor, pois nós não o pudemos com amor.

A casa da Bahia, que fizemos para recolher e ensinar os moços está muito adiantada, sem el rei ajudar coisa alguma,[14] somente com as esmolas do governador e de outros homens virtuosos. Quis o Senhor nos deparar com um oficial pedreiro,[15] e este a vai fazendo pouco a pouco, o qual é um mancebo desterrado por onze anos por um desastre que lhe aconteceu na morte de um homem; tem

13. O bispo Pedro Fernandes Sardinha chegou ao Brasil em 1552, vindo da Índia, e, ao contrário do que aqui se aventa, não foi favorável aos métodos da missão jesuítica.
14. O rei destinava verbas para a manutenção e a vestimenta dos jesuítas, mas não para construções. Relata Nóbrega em carta de agosto de 1552: "ordenaram os oficiais de darem a dez que viemos um cruzado em ferro a cada um, que saía pouco mais de dois tostões em dinheiro, para a mantença nossa, e cinco mil e seiscentos réis para vestido de cada padre cada ano, o que tudo aplicamos a esta casa [da Bahia] para os meninos, e nós no vestido remediamo-nos com o que ainda do reino trouxemos, porque a mim ainda me serve a roupa com que embarquei ... e no comer vivemos por esmolas".
15. O pedreiro Nuno Garcia, degredado para o Brasil pela morte de um homem mulato.

já cumprido um ano, faltam-lhe dez. Concertou comigo de servir esta casa por cinco anos com seu ofício, e que alcancemos do rei o perdão dos outro cinco. Não tem parte que o acuse. Fiz assim por conselho do governador e porque me prometeu que o alcançaria de Sua Alteza quando disto Vossa Reverendíssima não quisesse falar.[16] Têm já feita grande parte e cercadas as casas de uma taipa muito forte.[17]

Cristo Nosso Senhor nos cerque com Sua graça nesta vida para que na outra sejamos recebidos em Sua glória.

16. O fato é que o padre Simão Rodrigues não deve ter intercedido em favor do pedreiro, e é só a 3 de abril de 1555 que o governador Duarte da Costa escreve ao rei d. João III pedindo o perdão dos cinco anos restantes de degredo.
17. O trecho que começa "o qual é um mancebo desterrado" e termina em "não quisesse falar" foi censurado, ou seja, não está presente no manuscrito de São Roque e, portanto, também não aparece nas edições de cartas de Nóbrega que tomaram por base o manuscrito. O pouco idôneo passado do pedreiro contratado por Nóbrega e a impetuosa tentativa do padre de reduzir a pena de um assassino talvez não tenham parecido muito cristãos, ou muito louváveis, ao copista ou ao responsável pela cópia do manuscrito hoje conservado na Biblioteca Nacional do Rio de Janeiro.

ſas de balde en detrimẽto de ſu intereſſe. Piẽſo q̃ ſi no fuera por el fa-
uor q̃ tenemos del gouernador y principales de la tierra, y anſi porq̃
dios no lo quiere permitir, q̃ nos ouierã ya quitado las vidas: eſpera
mos que venga el obiſpo, que pueda eſto cõ temor, pues noſotros no
podemos por amor. La caſa de la baya que hizimos para recoger y
enſeñar los moços va muy a delãte, ſin el rey ayudar a ninguna coſa
ſolamẽte cõ las limoſnas del gouernador, y de otros hõbres virtuoſos
Quiſonos el ſeñor deparar vn official pedrero: y eſte la va haziendo
poco a poco: el qual es vn mãcebo deſterrado por onze años por vn
deſaſtre que le acõtecio en muerte de vn hõbre. Tiene cumplido vn
año, y faltãle diez. A ſe cõcertado comigo de ſeruir a eſta caſa cinco
años cõ ſu officio: y q̃ de los otros cinco le alcãcemos del rey perdon.
No tiene parte que lo acuſe. Hizo lo aſſi por cõſejo del gouernador:
y porque me a ꝓmetido que lo alcãçara de ſu. A. quãdo. V. R. en eſſo
no quiſiere hablar. Tiene ya hecho grãde parte: tiene tãbiẽ cercadas
las caſas de vna tapia muy fuerte. Chriſto nueſtro ſeñor nos cer-
que con ſu gracia en eſta vida, paraque en la otra ſeamos recebidos
en ſu gloria.

Otra embiada del puerto del Spiritu ſanto.

DEſpues que eſcreui el año paſſado, eſtãdo en la capita-
nia de los Illeos nos partimos dos hermanos, y yo pa-
ra el puerto ſeguro, que eſta treinta leguas de los Illeos
Eſtuue ay lo mas del tiẽpo cõfeſſando, y enſeñando la
doctrina. Hizoſe por la gracia del ſeñor mucho fruto
en los Chriſtianos. Cõfeſſauãſe ya muchas vezes, y guſtauã de la pa
labra diuina, y de la doctrina Chriſtiana, y anſi concurriã cõ grãde
feruor a ella: la qual todos teniã pueſta en oluido: y era les coſa muy
nueua. Eſtuue ay poco mas o menos quatro meſes, y era tanta la de-
uocion y affecion que todos me auiã tomado, que eſcreuieron al P.
Nobrega, y al gouernador que no conſentieſſen que de alli me fu-
eſſe a otra parte. Mas en tanto que eſte recaudo era alla, ſucedio ſe
auer embarcaciõ para el Spiritu ſanto, en la qual yo me fui ſin que
rer mas eſperar, aſſi como me era mandado. Partimos de alli a los

CARTA 4

AFONSO BRÁS[1]

Outra enviada do porto do Espírito Santo

Espírito Santo, 24 de agosto de 1551[2]

Aos padres e irmãos da Companhia de Jesus em Coimbra

Depois que vos escrevi no ano passado, estando na capitania dos Ilhéus, partimos eu e dois irmãos para Porto Seguro, que está a trinta léguas dos Ilhéus. Estive lá o mais do tempo confessando e ensinando a doutrina. Fez-se, pela graça do Senhor, muito fruto nos cristãos. Confessavam-se já muitas vezes e gostavam da palavra divina e da doutrina cristã, e assim concorriam com grande fervor a ela;

1. Afonso Brás (São Paio de Arcos, 1524 – Rio de Janeiro, 1610) chegou ao Brasil em 1550, como superior da segunda expedição jesuítica. Esteve nas capitanias de Ilhéus, Porto Seguro, Espírito Santo, São Vicente e Rio de Janeiro. Participou como mestre de obras, carpinteiro e pedreiro da construção da casa e do colégio de São Paulo (Piratininga). Fundou o colégio da capitania do Espírito Santo, em 1551. Dele, conservou-se apenas uma carta – esta que aqui se publica.
2. Data estabelecida por Serafim Leite.

a qual todos tinham já esquecido, e lhes era coisa mui nova. Estive lá pouco tempo, mais ou menos quatro meses, e era tanta a devoção e a afeição que todos me haviam tomado que escreveram ao pe. Nóbrega e ao governador para que não consentissem que eu de ali me fosse a outra parte. Mas enquanto este recado ainda estava lá,[3] sucedeu haver embarcação para o Espírito Santo, na qual eu me fui sem querer mais esperar, tal como me tinham mandado.[4]

Partimos dali aos vinte e três de março, ficando a gente mui desolada e muitos com grandes lágrimas chorando. De Porto Seguro ao Espírito Santo há setenta léguas. Quando chegamos receberam-nos os moradores com grande prazer e alegria, e desde que cheguei até a Páscoa não me ocupei nem me entendi em outra coisa senão em confessar e fazer outras obras pias. Passada a Páscoa determinamos e ordenamos fazer uma pobre casa, para nos recolher nela; ela está já coberta de palha e sem paredes. Trabalharei para que se edifique aqui uma ermida junto dela,[5] em um sítio muito bom, na

3. Na Bahia.

4. Afonso Brás chegou ao Espírito Santo em 1551, em companhia do irmão Simão Gonçalves.

5. Essa é a primeira notícia da fundação do Colégio de Santiago, na vila de Vitória, nesse mesmo ano de 1551.

qual possamos dizer missa, confessar, fazer a doutrina e outras coisas semelhantes.[6]

Grande é o fruto que pela misericórdia do Senhor se fez e se faz entre os cristãos, que Ele seja por tudo louvado. Porque uns se apartam de suas mancebas, e outros as deixam e se casam, e determinam de se emendar e ser bons daí em diante, queira o Senhor conservá-los em seus propósitos. Os jogadores, nestas três capitanias,[7] permaneciam muito em seus vícios e maus costumes, e eram os piores de arrancar de seus pecados. Já agora, por graça do Senhor, estão mui emendados, e tenho tomado muitos baralhos e dados. Do que murmuram e falam os que ainda estão obstinados, mas eu, vendo o proveito que daí se sucede, não descanso de persegui-los.

Todo dia fazemos a doutrina aos escravos desta vila, que são muitos. Não ouso aqui batizar esses gentios tão facilmente, ainda que o peçam muitas vezes, porque temo sua inconstância e pouca firmeza, senão quando estão à beira da morte. Têm aqui muito pouca confiança neles, porque são mui mudáveis e parece aos homens impossível que venham a ser bons cristãos, porque já aconteceu de os

6. Aqui o padre registra os primórdios do colégio e da igreja jesuíta do Espírito Santo.

7. Na capitania em que está quando escreve a carta – ou seja, no Espírito Santo – e nas duas capitanias em que havia estado antes – Ilhéus e Porto Seguro.

cristãos batizarem alguns deles que tornaram a fugir para os gentios e andam depois ainda piores do que antes, e tornam-se a meter em seus vícios e a comer carne humana. O mesmo fazem alguns que já estiveram em Portugal. Nosso Senhor queira por Sua infinita misericórdia ter piedade de tantas almas perdidas e tão apartadas e esquecidas de seu Criador. São tantos e é a terra tão grande, e vão em tanto crescimento, que se não estivessem em contínua guerra e se não se comessem uns aos outros, não poderiam aqui caber. Tenham, irmãos meus, compaixão desta gente tão bruta e pedi ao Senhor *ne despiciat opus manuum suarum.*[8]

É esta terra, onde ao presente estou, a melhor e mais fértil de todo o Brasil. Há nela muita caça de monte, muitos porcos monteses e é mui abastecida de pescado. Que não os esfriem, caríssimos meus, serem os gentios como disse tão mudáveis e inconstantes, para que por isso venhais a perder os fervores e grandes desejos de vir para cá trabalhar por amor de Deus e salvação destas almas. Porque *omnia deo possibilia sunt, qui poterit de lapidibus istis suscitare filios Abrahae.*[9] Espero que vossa caridade

8." ... que não desdenhe a obra de suas mãos." *Ps.* 137, 8.

9. Porque "tudo é possível para Deus, que poderia destas pedras tirar os filhos de Abraão". *Mat.* 3,9; *Luc.* 3,8.

será tão grande que vos mudará, e vossa constância tão inteira que vos fará perseverar na fé e serviço do Senhor. Vejais como eram tão ruins os da Bahia; os quais muitos dos que os padres batizaram dão muito bons cristãos e permanecem em nossa santa fé, trabalhando por viver em bons costumes. Nosso Senhor nos faça perseverar em Seu santo serviço, para que nesta vida Sua santa vontade em tudo cumpramos.

muy baſtecida de pecado. No os esfrie chariſſimos mios ſer los gẽti les como dixe tã mudables y inconſtãtes, para que por eſſo ayais de perder los heruores y grandes deſeos de venir aca a trabajar por amor de dios, y ſaluaciõ deſtas almas. Porque omnia deo poſſibilia ſunt, qui poterit de lapidibus iſtis ſuſcitare filios Abrahæ. Eſpero que vueſtra charidad ſera tã grande, que los mudara, y vueſtra conſtancia tan entera, que los hara perſeuerar en la fe y ſeruicio del ſeñor. Puede ſer que tan ruines eran los de la baya: los quales muchos de los que los padres baptizaron, ſon muy buenos Chriſtianos, y permanecen en nueſtra ſanta fe, trabajando por biuir en buenos cuſtũbres. Nueſtro ſeñor nos de perſeuerar en ſu ſanto ſeruicio, para que en eſta vida ſu ſanta voluntad en todo cumplamos.

Otra embiada de la ciudad del Saluador.

DEs que os eſcreui, hermanos chariſſimos, la poſtrera vez, he eſtado tres o quatro meſes en el puerto ſeguro, adõde me embio el P. Nobrega. Alli me ocupaua ẽ enſeñar los muchachos la doctrina: porque en eſto principalmẽte me ocupo aca. Ellos ya agora aprẽdẽ tãbien q̃ es para holgar de ver, y dar gracias a N. ſeñor: dado q̃ al principio hallamos trabajo ẽ los traer a la doctrina, aſſi por ellos como por cõtradiciõ de ſus padres, como tãbien por muchos engaños de muchos hechizeros que ay en eſtas partes, que lo queriã empedir. Comiençã nos ya a dar ſus hijos, y al preſente eſtã tres o quatro aprẽdiendo en vna caſa, que ordenamos para ello. De alli tãbien yua a viſitar algunas aldeas al derredor. Yendo vna vez me ouiera de ahogar en vn rio, en el qual ha pocos tiẽpos ſe ahogo vn frayle de S. Antonio, que yua de aqueſta miſma capitania predicar al ſarton. Paſſe harto peligro, por ſer el rio muy corriẽte y engañoſo de paſſar. Otra vez yuamos yo y Vicẽte rodriguez y lleuamos en nueſtra cõpañia vna lengua, y fuimos a vnas aldeas lexos, que aũ no tenia viſitado. En el camino paſſamos harto trabajo y peligro, por nos ſer neceſſario andar de noche algunas vezes y por matos: porq̃ aca no ay los caminos de

CARTA 5

Pe. João de Azpilcueta Navarro[1]

Outra enviada da cidade de Salvador

Salvador [agosto de 1551]

Aos irmãos da Companhia de Jesus de Coimbra

Desde que vos escrevi, irmãos caríssimos, a derradeira vez, estive três ou quatro meses em Porto Seguro, para onde me enviou o pe. Nóbrega. Ali me ocupava em ensinar aos meninos a doutrina, porque é nisto principalmente que me ocupo aqui. Eles agora já aprendem tão bem que é de folgar de ver e dar graças ao Senhor, dado que no princípio tivemos trabalho em trazê-los para a doutrina,

1. O padre espanhol João de Azpilcueta Navarro (Navarra, ci.1522 – Bahia, 1557) chegou ao Brasil em 1549, na primeira missão jesuítica. Foi um dos primeiros a aprender a língua dos índios, no que o terá ajudado sua estada de três ou quatro meses em Porto Seguro e a convivência com um ótimo intérprete que lá havia. Posteriormente, ele mesmo traduziu para a língua da terra vários trechos bíblicos e orações, e era, segundo o testemunho de seus colegas, o que tinha maior desenvoltura com o tupi. Em 1553, o padre Navarro fez parte da primeira entrada aos sertões de Minas Gerais; o único testemunho dessa impressionante viagem em busca de ouro e pedras preciosas

assim por causa deles como pela contradição de seus pais, como também pelos muitos enganos de muitos feiticeiros que há nestas partes que o queriam impedir. Começam já a nos dar seus filhos, e ao presente estão três ou quatro aprendendo numa casa que ordenamos para isso.

Dali também ia visitar algumas aldeias ao derredor. Uma vez me ia afogando em um rio[2] no qual há pouco tempo se afogou um frade de Santo Antônio que ia desta mesma capitania pregar no sertão. Passei grande perigo, por ser o rio mui corrente e enganoso de passar. Outra vez íamos eu e Vicente Rodrigues, e levávamos em nossa companhia um língua, e fomos a umas aldeias distantes que ainda não tínhamos visitado. No caminho passamos grande trabalho e perigo por nos ser necessário algumas vezes andar à noite e por matos, porque aqui não há os caminhos de Portugal, e há neles muitas onças e outras feras. Assim, chegamos a uma aldeia onde achamos os gentios todos embriagados, porque aqui têm uma maneira de vinho de raízes que embriaga muito, e quando eles estão assim bêbados ficam tão brutos e feros que não perdoam a nenhuma pessoa, e, quando não

é a carta 10 aqui editada, escrita por ele próprio. Dele, conhecem-se quatro cartas, duas escritas na Bahia e duas em Porto Seguro.

2. Rio dos Frades, no município de Porto Seguro, que desemboca ao sul de Trancoso, próximo à praia do Espelho. Recebeu esse nome justamente por causa do afogamento do frade, aqui citado.

podem mais, põem fogo na casa onde estão os estrangeiros. Com tudo isto, porque chovia muito e íamos mui molhados, nos recolhemos em outra casa para nos enxugar, e daí a pouco vieram com grande fúria, com espadas e outras armas contra nós, mas valeu-nos o língua ser bom, que com boas razões os amansou. E porque Deus ainda não era servido, em amanhecendo, vendo que aquela gente não tinha discrição[3] para vir tão cedo ao conhecimento da fé, nem estava disposta a isto, partimos para outra onde estava um principal dela determinado com toda gente a comer quantos brancos ali viessem a aportar. Contudo, pela misericórdia do Senhor, nos recebeu bem, e nos ouviu pelo língua a doutrina cristã, e mostravam ele e todos os demais folgar muito em ouvi-la, mas não ousaram dizê-la por um feiticeiro os persuadir que com aquelas palavras lhes dávamos a morte, e que se o dissessem com suas bocas logo morreriam. Daqueles ministros sói usar o demônio, temendo ser daqui desterrado, como penso que o vai barruntando.[4]

Assim andamos por outras aldeias não sem pouco trabalho e desconsolo por ver tão pouco conhecimento de Deus e gente tão indisposta e incapaz para receber a fé, ainda que com sua rudeza mostrem folgar em ouvi-la

3. Capacidade de distinguir; discernimento.
4. Barruntar: suspeitar, desconfiar, conjecturar.

e desejos de recebê-la. Também passamos muito perigo em outras partes, assim pelas feras – por caminharmos algumas vezes de noite porque de dia por alguns lugares é muito perigoso, acertou-se que eu ficasse atrás uma noite, e a maior parte andei sozinho, e o língua e Vicente Rodrigues me davam como morto, e, se não fora por o língua tornar atrás para buscar-me, em grande perigo me veria – como também pelos gentios que são mui inclinados a comer carne humana. Contudo, trouxe-nos o Senhor salvos por este caminho, e ainda que cansados e magros, mui consolados nos trabalhos pelo Senhor recebidos.

Dali também íamos às aldeias batizar alguns que estavam para matar e comer, trazendo-os primeiro – segundo podia compreender sua capacidade – ao conhecimento de nossa santa fé, e concedendo o batismo. Este mal de comerem-se uns aos outros anda mui danado entre eles, e tanto é que há poucos dias falaram a um ou dois que tinham a engordar para isso se queriam que os resgatassem, e eles diziam que não os vendessem, porque cumpria à sua honra passar por tal morte como valentes capitães. Eles não comem uns aos outros senão por vingança.[5] Tem o demônio muito domínio sobre eles, o qual dizem que algumas vezes lhes aparece visivelmente e que lhes bate e os atormenta outras vezes, asperamente. Nosso Senhor os livre de suas mãos.

Nesta capitania encontrei um homem de boa índole, antigo na terra, e que tinha o dom de escrever a língua dos índios,[6] que foi para mim grande consolação, e assim o mais do tempo gastava em dar sermões do velho e novo testamento, mandamentos, pecados mortais e obras de misericórdia, com os artigos da fé, para que os tornasse à língua. Tudo mandarei na primeira embarcação.

Daí fui para a Bahia de Todos os Santos, por ter sido chamado pelo pe. Nóbrega, onde ao presente estou. Alguns dias depois de chegado, ele e eu fomos a uma aldeia dos gentios, e procuramos que se ajuntassem todos, e depois de juntos lhes fizemos uma prática através de um língua e, quando terminada, lhes ensinamos a doutrina cristã; e o pe. Nóbrega me deu possessão dessa aldeia, para tê-la a meu cargo. E querendo nos despedir deles, fi-los primeiro benzer-se, e vendo as pedras preciosas que traziam nos beiços e no rosto lhes disse, como rindo, que os estorvavam a persignar-se, o que eles tomaram a sério, e, sendo de muito valor, jogaram-nas onde nunca mais

5. De fato, os povos tupis regiam-se por duas linhas de força: guerra e vingança.

6. Na carta 2, Antônio Pires faz referência à viagem de Azpilcueta Navarro a Porto Seguro e à sua missão de encontrar intérpretes para traduzir orações e sermões, a mando do pe. Nóbrega. Aqui, o pe. Navarro registra ter encontrado um intérprete letrado (os alfabetizados eram raros no Brasil daquela época), especialmente bom, com quem deve ter iniciado sua rápida aprendizagem do tupi.

apareceram, o que muito me consolou. E daí em diante continuei por muito tempo a visitá-los, até que um cristão mandou aí fazer uma casa para que nela lhes ensinassem, a qual o pe.[7] entregou ao irmão Vicente para que continuasse a doutrina, e assim nela ensinava, dormia e comia com muita edificação e proveito para os índios.

No dia do Anjo[8] determinou-se que se batizassem muitos, assim homens como mulheres, e quase nos faltavam nomes de santos para dar a cada um o seu. Entre eles batizamos um feiticeiro muito velho e lhe colocamos o nome de Amaro. E assim ordenamos fazer uma procissão com todos juntos, e os mais novos pusemos na dianteira, que seriam vinte e cinco, e logo os homens, e as mulheres na traseira, e um menino deles com uma cruz. E assim fomos todos rezando pelo caminho em voz alta o *Pater noster*, até a cidade. Eu ia com os dianteiros, o irmão Vicente com os de trás. De muita edificação isto foi na cidade, e aos demais fez muita devoção, ficando os índios mais firmes e com grandes desejos de ser bons cristãos. Com razão os trouxe Deus a isto pelas obras boas que sempre fizeram aos cristãos.

Depois disto, com licença do pe. Nóbrega, fui a outra aldeia, de cento e cinquenta fogos,[9] e fiz ajuntar os mais mo-

7. O pe. Nóbrega.

8. Dia do anjo custódio de Portugal, terceiro domingo de julho.

ços e lhes fiz a doutrina em sua própria língua,[10] achei alguns aqui mui hábeis e com tal capacidade que bem ensinados e doutrinados podiam fazer muito fruto na gentilidade, para o que temos muita necessidade de um colégio nesta Bahia para ensinar os filhos dos índios, já temos alguns, e mais nos dariam se tivéssemos possibilidade de recolhê-los e de sustentá-los, o que, por ser a terra recentemente povoada, ainda não se pode fazer. Está na mão de el rei nosso senhor levá-lo ao cabo e ajudar-nos para que o terminemos, porque já o temos começado e sem sua ajuda parece impossível acabá-lo, e muito mais folgaríamos que ele próprio o mandasse fazer para ficarmos mais livres e desocupados para o espiritual.[11] Este colégio será bom não somente para recolher os filhos dos gentios e dos cristãos, para os ensinar e doutrinar, mas também para a paz e o sossego da terra e proveito da república. Nosso senhor o ordene como for mais a seu serviço e proveito das almas.

Depois de algo introduzidos os desta aldeia na fé, passei adiante, a outra, e, chegando, me disseram que então haviam

9. 150 moradias.

10. Se em Porto Seguro o pe. Navarro ainda precisava do auxílio de intérpretes, pouco tempo depois, nessas suas andanças pelo interior da Bahia, ele já era capaz de fazer sermões em tupi, o que atesta a rapidez com que aprendeu a língua dos índios. Foi o primeiro, também, a confessar sem intérprete.

acabado de matar uma moça, e mostraram-me a casa e, entrando nela, percebi que a estavam cozendo para comê-la; a cabeça estava pendurada em um pau. Comecei-lhes a estranhar e enfear o caso, tão abominável e contra a natureza. Respondeu-me um deles que, se eu continuasse a falar, outro tanto nos faria, eu não o entendi, senão o língua que levava comigo, ao qual insisti que falasse o que eu lhe dissesse, mas nunca ousou dizer palavra, então, quando vi aquilo, comecei-lhes a falar do que sabia, e ao final ficaram nossos amigos e nos deram de comer, e depois fui a outras casas, nas quais achei pés, mãos e cabeças de homens no fumo. Aos donos dessas casas também enfeei muito aquilo e os persuadi que aborrecessem[12] tão grande mal. Depois nos disseram que todos enterraram as carnes, até a moça que estava sendo cozida, e parece-me que algum tanto se emendaram, ao menos não vemos mais ao descoberto tais coisas.

Nisto e em coisas semelhantes do serviço de Deus e proveito das almas me ocupava enquanto o pe. Nóbrega aqui esteve, e depois que daqui partiu para Pernambuco,[13] o mesmo que ficou por ofício e dele encomendado. De maneira que quando aqui estou nesta cidade de Salvador,

11. No entanto, foram os próprios jesuítas que construíram o colégio da Bahia.

12. Aborrecer: afastar-se, distanciar-se.

13. Nóbrega partiu da Bahia para Pernambuco no dia 16 de julho de 1551, tendo chegado a seu destino no dia 26 do mesmo mês.

acudo às necessidades espirituais dos cristãos, que nunca faltam, e daqui acorro às aldeias dos gentios que há ao redor a ensinar-lhes a doutrina cristã e fazer cristãos os que estiverem aptos para receber o sacramento do batismo.

Depois de o pe. Nóbrega ter partido daqui, me aconteceu, há alguns dias, resgatar um moço e tirá-lo das mãos dos gentios que já estavam para o dividir em pedaços e comer; é muito bonito, dei-lhe o nome de nosso irmão Antônio Criminal[14] que em serviço do Senhor foi morto na Índia, ele na glória queira ser intercessor com Deus para que esta alma se salve e de nós tenha especial memória. E, estando escrevendo esta, um índio me veio buscar, com sua mulher e filhos, para que os batizasse, que queriam ser cristãos, mas adiei-lhes o sacramento até serem ensinados na nossa fé. Assim uso com todos, salvo em perigo de morte, tanto por ser necessário serem primeiro instruídos nela como por outras razões, que mais ou menos já devem saber por outras cartas que vos escrevi.

Cristo Nosso Senhor escreva Sua santa vontade em nossos corações para que nesta vida somente a cumpramos.

14. O padre Antônio Criminal, morto pelos badagares na Índia, em 1549, a quem se refere o jesuíta Enrique Enriques em carta escrita em Cochim a 12 de janeiro de 1551, e considerado mártir pelos missionários da Companhia.

me ocupaua en quãto el padre Nobrega aqui eſtuuo y deſpues q̃ da-
qui ſe partio para Pernãbuco lo miſmo me quedo por officio y del
encomendado. De manera q̃ quãdo aqui eſtoy eneſta ciudad del ſal
uador acudo alas neceſſidades ſpũales delos Chriſtianos que nunca
faltan y de aqui voy acorrer las aldeas delos gentiles que ay al rede-
dor a enſeñar la doctrina chriſtiana y hazer Chriſtianos a los q̃ eſ-
tuuieren aptos para recebir el ſacramento del baptiſmo. Deſpues del
padre Nobrega ido de aqui me acõtecio los dias paſſados reſcatar vn
muchacho y tirarlo delas manos delos gentiles que eſtauan ya para
lo diuidir y tragar: es muy bonito, puſele el nõbre de nueſtro herma
no Antonio criminal q̃ en ſeruicio del ſeñor mataron en la India, el
en la gloria quiera ſer interceſſor con dios para q̃ eſta anima ſe ſalue
y de nos tenga eſpecial memoria. Eſtando eſcriuiendo eſta, me vino
a buſcar vn indio con ſu muger y hijos q̃ los baptizaſſe que queriã ſer
Chriſtianos, pero dilateles el ſacramento haſta ſer enſeñados en nu
eſtra fe. Eſto vſo con todos ſaluo en peligro de muerte aſſi por neceſ
ſario ſer primero inſtruidos enella como por otros reſpectos q̃ ellos
poco mas o menos ya ſabran por otras que tengo eſcritas. Chriſto
nueſtro ſeñor eſcriua ſu ſanta voluntad en nueſtros coraçones para q̃
eneſta vida ſolamente la cumplamos.

Otra embiada del puerto de. S. Vicente.

LA paz y amor de Chriſto nueſtro ſñor ſea ſiẽpre en nu-
eſtras animas. Aun que la poca charidad no me fuerçe
a os eſcreuir tantas vezes como deſſeo vueſtras ſantas o
bras y el gran amor que ſe q̃ me teneis me incitan a lo ha
zer ſiẽpre y daros de mi cuenta, tãbien para mas obligar
vueſtra charidad a que no ſe oluide deſte vueſtro pobre: y tenga com
paſſion y encomiende a dios eſta perdida gẽtilidad. En algunas que
os tengo eſcritas, padres y hermanos chariſſimos os he dado cuenta
como eneſta tierra ẽtre otros males auia vno en los Chriſtianos muy
arraygado y malo de arrancar por ſus codicias y intereſſes, el qual
era tener muchos indios injuſtamẽte captiuos, porque los yuã a ſal
tear a otras tierras y con mañas y engaños los catiuauan, y trabajãdo
yo mucho ſobre eſto para los quitar de las manos delos Chriſtianos
pues que ſin peccado no los podian tener, algunos por deſcargo de

CARTA 6

Pe. Leonardo Nunes[1]

Outra enviada do porto de São Vicente

São Vicente, 24 de agosto, 1551[2]

Aos padres e irmãos da Companhia de Jesus de Coimbra

A paz e o amor de Cristo esteja sempre em nossas almas. Ainda que a pouca caridade não me force a vos escrever tantas vezes como desejo, vossas santas obras e o grande amor que sei que me tendes me incitam a fazê-lo sempre e dar-vos de mim conta, também para mais obrigar a vossa caridade a que não se esqueçam deste vosso pobre e tenham compaixão e encomendem a Deus esta perdida gentilidade.

1. Leonardo Nunes (São Vicente da Beira, ? – 1554) chegou ao Brasil na primeira missão jesuítica, e foi logo mandado para Ilhéus, com o pe. Diogo Jácome. Em seguida, em 1º de novembro de 1549, partiu para São Vicente, com alguns índios carijós, com a missão de lá fazer casa e colégio e iniciar a conversão do gentio daquela região. Foi o primeiro jesuíta que esteve no campo de Piratininga (sítio da futura cidade de São Paulo). Os índios lhe chamavam de "abaré bebê", o padre voador, tal o seu dinamismo. Era cantor e músico. Admitiu, em terra brasileira, noviços e irmãos, de

Em algumas cartas que vos escrevi, padres e irmãos caríssimos, vos dei conta de como nesta terra, entre outros males, havia um mui arraigado nos cristãos e difícil de extirpar, por suas cobiças e interesses, o qual era o ter muitos índios injustamente cativos,[3] porque os iam assaltar em outras terras, e com manhas e enganos os cativavam, e tendo eu trabalhado muito nisto, para os tirar das mãos dos cristãos, pois que sem pecado não os podiam ter, alguns por desencargo de consciência os deixaram livres e os entregaram a mim. E ordenou o pe. Nóbrega que eu os levasse de volta à sua terra,[4] e assim embarquei com eles, e na primeira jornada desembar-

preferência os que sabiam o tupi, como o irmão Pero Correia, mais úteis ao trabalho evangelizador. Enviado a Portugal e a Roma para dar notícia da missão, morreu em naufrágio em 30 de junho de 1554. Deixou quatro cartas que sobressaem pela sua vivacidade de estilo e pelo seu impressionante conteúdo.

2. Segundo Serafim Leite, esta carta seria de novembro de 1550.

3. Libertar os índios injustamente escravizados pelos colonos foi uma das primeiras preocupações dos jesuítas. O padre Nóbrega já havia denunciado, em carta de 6 de janeiro de 1550, que "a maior parte [dos colonos] tem a consciência sobrecarregada por causa dos escravos que possuem contra a razão" e que, por isso, poucos podiam ser absolvidos, pois não se resolviam a renunciar aos índios injustamente cativados. É interessante o que escreve Pero de Magalhães de Gândavo sobre o assunto: "[os colonos] assaltavam quantos queriam e faziam-lhes muitos agravos, sem ninguém lhes ir à mão. Mas já agora não há esta desordem na terra, nem resgates, como soía. Porque depois que os padres viram a sem razão que com eles se usava e o pouco serviço de Deus que daqui se seguia, proveram neste negócio e vedaram, como digo, muitos assaltos que faziam os mesmos portugueses".

4. Provavelmente se refere aos índios carijós, de que fala Nóbrega na carta escrita na Bahia, em 9 de agosto de 1549: "Entre outros saltos que nesta costa são feitos, um

camos na capitania de Porto Seguro, onde encontrei o povoado muito revolto, e todos mui alborotados[5] uns com os outros. Estava certamente tudo a ponto de se perder, se Nosso Senhor por sua misericórdia não nos socorrera trazendo-os de volta à paz e à concórdia, para as quais quis Nosso Senhor movê-los de tal maneira que a maioria deles se perdoou publicamente na igreja e assim ficaram muito amigos, e aos demais proveio a justiça del rei que havia chegado em uma armada.[6]

Tornando a embarcar, fomos dar no porto do Espírito Santo, no qual ainda não estava o pe. Afonso Brás,[7] e, desembarcando, nos veio receber a gente da terra com a qual vinha o vigário dessa capitania, e por mo rogar muito, e também por não haver pousada nessa terra, pousei em sua casa, e no domingo seguinte preguei, do que ficaram todos muito consolados porque nunca haviam tido ali tal coisa. Nesta capitania, a maior parte da gente estava em pecado e quis Nosso Senhor que com minha chegada se

se fez há dois anos muito cruel, que foi irem uns navios a um gentio que chamam carijós... Agora temos assentado com o governador que nos mande dar estes negros para os tornarmos a sua terra e ficar lá Leonardo Nunes para os ensinar."

5. Alvoroçados.

6. Em 1550 chega à Bahia a armada de Simão da Gama de Andrade, trazendo a segunda missão jesuítica, sete órfãos, e uma carta do rei com instruções ao governador.

7. Ver nota 1 da carta 4.

começassem a mover de maneira que em pouco tempo em muitas almas muito obrou o Senhor, e andavam todos mui consolados, louvando ao Senhor que assim os tinha visitado, e me queriam por força deter, e que não passasse adiante, e vendo eu a necessidade que tinham, e também por alguns embaraços que aconteceram aos do navio, me detive com eles um mês. E fiz nove ou dez sermões e ouvi quase quarenta confissões, e muitos se afastaram do pecado mortal, e dois homens se casaram com índias que tinham em casa, e obrou o Senhor muitas outras coisas mui proveitosas para essas almas, entre as quais foi mover o Senhor um homem casado, boa língua, e deu-lhe tal espírito que não queria senão vir comigo e deixar sua mulher, no que eu não quis consentir, ainda que tivesse muita necessidade. Enquanto ali estive, fazia todas as noites a doutrina aos escravos que ali viviam, porque àquela hora chegavam do trabalho e estavam todos juntos, e porque eram muitos e não cabiam na igreja pregava em uma pracinha ali perto, à qual vinham muitos homens brancos, mulheres e moços, e ao final da doutrina mandava-lhes fazer uma prática por aquele homem casado que tão verdadeiramente se convertera a Deus, e na matéria que eu lhe assinalava dizia tão boas coisas e com tanto zelo e fervor que fazia muita devoção à gente e se consolavam muito em ouvi-lo. Continuavam com grandes desejos a doutrina e trabalhavam muito para aprendê-la, e diziam uns aos outros "este é o verdadeiro que Deus manda, pois que não busca interesse, senão ensinar a todos, de graça, as coisas de Deus", e outras muitas outras coisas que, ouvindo-as, me confundia,[8] pois não era capaz delas. E quando chegou a última noite, em que eu havia de me despedir deles, encomendei-lhes que sempre perseverassem como haviam feito até ali, que o padre vigário os ensinaria como eu havia feito, porque assim tinha a mim prometido. Mas apesar disso os escravos ficaram muito desconsolados pelo amor que me haviam tomado, e no dia seguinte fiz o último sermão e ao final, despedindo-me da gente, foram tantas as lágrimas, assim de homens como de mulheres, que não me pude sofrer[9] que não os ajudasse e tivesse pena de sua desconsolação, consolando-me no Senhor e nos desejos e boa vontade de onde sua desconsolação procedia. Lançai até lá vossos olhos, irmãos meus em Cristo, e vereis, *quia messis quide multa, operarii vero pauci: rogate igitur Dominu messis, ut mittat operarios in messe suam.*[10]

8. Confundir: espantar-se com algo admirável, maravilhoso e inesperado.

9. Suportar, tolerar, aguentar.

10. " ... porque a messe é muita e os operários, poucos: rogai, pois, ao Senhor da messe que envie operário a sua messe." *Mat.* 9, 37-38.

Tornando a embarcar, a dez ou doze léguas junto do porto de São Vicente, um sábado ao amanhecer, viemos à vista de umas canoas dos índios, que são semelhantes a barcos em que se navega, e, temendo que fossem contrários[11] dos cristãos, tornamos atrás para nos metermos mais no mar adentro, e eles, vendo que fugíamos, vieram com grande pressa atrás de nós e em breve tempo nos alcançaram e, chegando, perguntaram quem éramos e porque não trazíamos conosco um língua que soubesse bem responder, disseram e tiveram para si que éramos franceses, aos quais têm grande ódio, e um deles disse que ali levava uma cabeça de um nosso irmão[12] por onde bebia, o que eles usam em sinal de grande vingança. E, dizendo isso, começaram a nos cercar ao redor, porque eram sete canoas, e cada uma tinha trinta ou quarenta remadores, as quais correm tanto que não há navio por rápido que seja que emparelhe com elas e eles apercebidos.[13] Foram tantas as flechadas sobre nós que parecia que chovia, e nosso navio vinha tão bem apercebido, que bérnios[14] e roupões púnhamos por paveses[15] com que nos amparávamos. Tra-

11. Inimigos.
12. No caso, a cabeça de um francês.
13. Aparelhados, armados.
14. Espécie de capa grosseira.
15. Tábuas ou escudos protetores que se colocavam na borda das embarcações.

zíamos no navio dois tiros de ferro, mas eram tais que ao primeiro tiro que atiraram com um deles, logo a câmara daquele que atirou saltou ao mar. Eu me pus a um canto do navio, de joelhos, pedindo socorro ao Senhor, pois que de nossa parte tínhamos tão pouco, e comecei a animá-los e exortá-los que se encomendassem com verdadeiro coração ao Senhor, arrependendo-se e pedindo o perdão de seus pecados. Fiz-lhes uma prática o melhor que pude. Parece-me que todos se determinaram que, se escapassem, emendariam suas vidas. Enquanto isso, os índios não nos davam espaço nenhum, continuando e acometendo-nos por todos os lados, e certo que pareciam diabos, todos andavam desnudos, como é costume de todos, alguns pintados de negro, outros de vermelho, outros cobertos de penas, e não cessavam de atirar flechas com grande gritaria, e outros traziam uns búzios com que fazem alarido em suas guerras, que pareciam mesmo o inferno, e assim nos perseguiram por mais de três horas. De maneira que, se fossem contrários e nos seguissem um pouco mais, nenhum de nós escaparia de que nos fizessem seu manjar, flecharam-nos duas pessoas e uma delas morreu ao sair em terra, porque as flechadas eram tais que atravessavam as tábuas do navio de um lado ao outro.

Quis Nosso Senhor que viessem a nos reconhecer como portugueses e, assim, nos deixaram e fomos desembarcar no porto de São Vicente, e sem nos deter partimos daí e fomos dar a uma vila chamada Todos os Santos[16]. E fomos recebidos com muita alegria, e é tão grande a opinião que têm feito dos da Companhia por causa de alguns irmãos que aqui estiveram que se vinham a mim, e alguns me beijavam a vestimenta e outros o bordão, e assim me confundiam[17] muito por ver que minha virtude não correspondia ao que me faziam. Seja tudo para a glória do Senhor. E como soube que não havia ali pousada, pedi uma pobre casa onde me recolhi com os índios, e lhes fiz um sermão ao qual concorreu muita gente da vila de São Vicente e de outra chamada Santo Amaro[18] que é de outra capitania, do qual se seguiu algum fruto, e despedi-me de todos, ficando eles muito consolados. E daí fui a São Vicente, acompanhando-me o capitão[19] e outra gente. E, em chegando, fiz um sermão onde toda a gente foi muito movida por Deus, e daí em diante pregava algumas vezes e o mais do tempo confessava, e cada dia fazia a doutrina aos escravos, e às segundas, quartas e sextas à noite tangia a campainha pelos finados, de maneira que vendo Nosso

16. Atual cidade de Santos.
17. Ver nota 8.
18. Povoação na Ilha de Santo Amaro, na capitania de Pero Lopes de Sousa, próxima ao porto de São Vicente e onde atualmente se localiza o balneário do Guarujá.
19. Antônio de Oliveira, capitão de São Vicente.

Senhor o grande estrago que os demônios faziam nestas almas, porque quase todos os habitantes dessas três vilas estavam em gravíssimos pecados, assim os casados como os solteiros, e muito mais os sacerdotes, começou a movê-los e trazê-los a tal confusão e sentimento de seus pecados que todos trabalhavam por se afastar deles, uns casando-se com as mulheres e índias que tinham, outros deitando-as fora, outros buscando-lhes maridos, outros determinando-se a viver castamente com suas mulheres, e todos com grandes espantos de si, vendo sua cegueira e o perigo em que estavam já há tanto tempo, porque havia muitas almas que não se confessavam há trinta, quarenta anos, e estavam em pecado mortal, e isso publicamente.

Aqui me disseram que, no campo,[20] a quatorze ou quinze léguas daqui, entre os índios, estava derramada alguma gente cristã, e passava-se o ano sem ouvir missa e sem se confessarem, e andavam numa vida de selvagens. Vendo isto, determinei-me de ir lá, assim por dar remédio a esses cristãos como por me ver com esses gentios, os quais estão mais apartados dos cristãos que os de todas as outras capitanias. Levei comigo dois línguas, os melhores da terra, os quais depois se determinaram a servir a Deus

20. Campo de Piratininga, sítio da futura cidade de São Paulo.

em tudo o que eu lhes mandasse, e eu o aceitei, assim por necessidade como por eles serem muito aptos para isso e de grande valor, principalmente um deles, chamado Antônio Correia.[21] E indo na derradeira jornada topamos com um mancebo com umas cartas para mim, que me estavam esperando, porque já tinham novas de que eu desejava vê-los.

Trabalhei muito com os cristãos, que achei derramados naquele sítio entre os índios, para que tornassem às vilas dos cristãos, no que os achei muito duros, mas por fim acertei com eles que se juntassem todos em um lugar e fizessem uma ermida e buscassem algum padre que lhes dissesse missa e confessasse. Puseram-se logo a trabalho e abriram logo campo para a igreja,[22] gastei dois ou três dias com eles, confessei alguns e dei-lhes o santíssimo sacramento. Depois disto, fomos com os índios a suas aldeias, que estavam a quatro ou cinco léguas dali e, indo, achamos uns índios que andavam com grande pressa fazendo o caminho por onde havíamos de ir e ficaram muito tristes

21. Provavelmente é um erro de Leonardo Nunes ou, mais certamente, do tipógrafo; trata-se de Pero Correia (autor da carta 7). Os excelentes línguas que entraram para a Companhia de Jesus, em 1550, em São Vicente, foram Pero Correia, Manoel de Chaves e João de Sousa.

22. Esse sítio seria, mais tarde, a vila de Santo André da Borda do Campo, da qual fala o viajante alemão Ulrico Schmidel, em 1553, em termos pouco elogiosos ("valhacouto de ladrões").

porque não o tinham ainda terminado.[23] Chegando à aldeia, veio o principal dela e me levou por força a sua casa e logo se encheu a casa de índios, e outros que não cabiam ficaram fora e trabalharam muito por me ver. Considerai, irmãos meus em Cristo, o que minha alma sentia vendo tantas perdidas por falta de quem as socorresse. Fiz-lhes algumas práticas, aparelhando-os para o conhecimento da fé, e lhes disse, pela tristeza que mostravam por ter eu de ir-me logo, que não ia senão a vê-los e que muitas outras vezes os visitaria se tivesse tempo. Também ali achei alguns homens brancos e acertei com eles que voltassem para os cristãos, e daí voltei a São Vicente e determinei de fazer uma casa em que nos recolhêssemos,[24] e com algumas esmolas dos moradores a terminei, para também poder nela recolher e ensinar os filhos dos gentios.

Ao presente estou nela com oito irmãos que aqui novamente[25] recebemos, e dois que andam agora para se determinar, ambos de boa maneira, e são bons línguas para estas partes. Nosso Senhor seja servido com tudo e faça

23. Fazia parte da recepção de um personagem ilustre em visita à aldeia a preparação de um caminho especial para sua chegada, onde o visitante era recepcionado e levado com grandes festas até a aldeia.
24. A primeira casa de jesuítas em São Vicente. Depois foi construída uma maior.
25. Pela primeira vez.

o que mais for para Sua glória. Portanto veja, nosso mui amado em Cristo mestre Simão,[26] quanta necessidade aqui temos de irmãos de Coimbra, assim para socorro e ordem dessa casa como para as muitas necessidades que sempre há entre cristãos e gentios, e por eu ser sozinho e não poder socorrer a tudo, espero no Senhor que Ele o proverá para a maior glória de Deus. Agora queremos emadeirar uma igreja que temos aqui feita. Depois de acabada (o que será logo), pretendo sair por esta terra adentro quase duzentas léguas, no que hei de gastar uns seis ou sete meses, e levarei comigo quatro línguas muito bons, os dois que acima mencionei, e os dois que andam para chegar; Nosso Senhor nos guie para seu louvor e glória.

Todo o restante do tempo que aqui estou, fora cuidar desses irmãos, sempre ocupei em confessar e pregar, algumas vezes acudindo, quando podia, a outras necessidades espirituais, e exercitando-me em outras obras pias, buscando sobretudo a salvação das almas, e não com pouco trabalho, por ser sozinho e pela perseguição de alguns deste porto, porque de um lado fui perseguido por alguns amancebados por querê-los apartar do pecado e por traba-

26. Simão Rodrigues, provincial da Companhia em Portugal.

lhar para que se emendassem e tornassem a Deus,[27] e de outro era atribulado daqueles que também aqui tinham negros[28] carijós cristãos cativos por os terem assaltado sem querê-los deixar, mantendo-os injustamente, buscando eu muitos remédios para deitar fora da terra este mal, o qual é muito difícil de desapegar porque têm-no mui arraigado em seus corações, dos quais saem desordenada avareza e desejos insaciáveis de bens temporais, que em muitos aqui reinam muito.

Cristo Nosso Senhor proveja como mais for de Seu serviço e proveito das almas, e nos dê graça para que nossos trabalhos por Seu amor recebidos lhe sejam aceitos.

Desta capitania de São Vicente, a 24 de agosto, 1551.

27. Provavelmente, refere-se ao incidente com João Ramalho que, expulso de uma missa pelo padre Leonardo Nunes, veio com os filhos ameaçá-lo de morte. Ramalho, excomungado pela Igreja, era proprietário e negociante de índios. No entanto, anos mais tarde, se aproximará dos jesuítas, e, em 1562, será nomeado capitão-mor de São Vicente.
28. Índios.

Copia de vnas

Cartas de algunos padres y herma
nos dela compañia de Ieſus que eſ
criuieron dela India, Iapon, y Bra
ſil alos padres y hermanos dela miſ
ma compañia, en Portugal traſla
dadas de portugues en caſtella
no. Fuerō recebidas el año
de mil y quinientos y
cincuenta y
cinco.

¶ Acabaronſe a treze dias del mes
de Deziember. Por Ioan
Aluarez.

Año. M. D. LV.

Cartas de 1555

Cópia de umas cartas de alguns padres e irmãos da Companhia de Jesus que escreveram da Índia, Japão e Brasil aos padres e irmãos da mesma Companhia em Portugal. Foram recebidas no ano de 1555.

Los ... y señores nobles por muerte del padre o pariēte muy llegado vistē vnas ropas blancas gruessas y asperas, y ciñen vn ceñidor tambien blāco de ... lura de vna pierna que llega al suelo, donde tambien lleg ... vestido, y en el bonete traen pegado otro cordon mas de ... do, quando los defunctos son menos llegados se visten tambien de blanco todos hasta los çapatos y bonetes, mas menos gruesso y aspero. Estas son las cosas que mas comunmēte se veen y saben en la China dōde estuuimos captiuos seys años, otras muy admirables que oymos cōtar dexo assi por no auerlas visto como por parecerme cada dia se yran mas descubriendo.

Iesus.

CARTAS DEL BRASIL.

Cartas del hermano Pero Correa que scriuio a vn padre del Brasil.

MAndaronme padre charissimo que le scriuiesse y contasse algunas cosas que aca por la bōdad del señor succedieron para que se alegre conellas, y le de muchas gracias, primeramente nuestro padre Nobrega queriēdo entrar por la tierra a dentro. Embio delante vn hermano que sabia algun tanto dela lengua, al qual como quiera que yua por obediencia libro nro señor de muy grandes peligros, y despues de auer el entrado cincuenta o sesenta leguas fue el padre Nobrega lleuando vn herano cōsigo y quatro niños, y en su pegrinaciō tenia esta manera que quando entrauan en alguna aldea delos Indios vno delos niños lleuaua vna cruz pequeña leuātada, yuā cantando las letanias, y luego se jūtauā los niños del lugar con el

E los

CARTA 7

Ir. Pero Correia[1]

Carta do irmão Pero Correia que escreveu a um padre do Brasil[2]

Piratininga, 1554

Mandaram-me, padre caríssimo,[3] que lhe escrevesse e contasse algumas coisas que aqui pela bondade do Senhor sucederam, para que se alegre com elas e Lhe dê muitas graças. Primeiramente, nosso padre Nóbrega[4] querendo entrar pela terra adentro enviou diante um irmão[5] que sabia algum tanto da língua, ao qual, como ia por obediência, livrou Nosso Senhor de mui grandes perigos,[6] e, depois de haver entrado cinquenta ou sessenta

1. O português Pero Correia (? – 1554) foi o terceiro noviço a ser admitido no Brasil pela Companhia de Jesus – por iniciativa do padre Leonardo Nunes – e veio a ser um dos fundadores da cidade de São Paulo. Descendente de família nobre, chegou ao Brasil provavelmente em 1534, foi um dos principais moradores de São Vicente e, como outros colonos, tinha a prática de assaltar e cativar índios. Tornou-se um dos grandes línguas da terra, fez várias entradas sertão adentro, entre os carijós, e morreu flechado pelos índios, ao lado do irmão João de Souza, em dezembro de 1554, o que fez dele um dos "mártires do Brasil" na visão dos jesuítas seus

léguas,[7] foi o pe. Nóbrega levando consigo um irmão[8] e quatro meninos. E em sua peregrinação tinha esta maneira quando entrava em uma aldeia dos índios: um dos meninos levava uma cruz pequena levantada, ia cantando as litanias, e logo se aproximavam deles os meninos do lugar, maravilhando-se muito com a gente de coisa tão nova, e os recebiam muito bem; ao partir dos lugares também iam cantando as litanias[9].

Foram a um lugar onde havia uma grande matança de escravos, trabalharam por impedi-la, escusaram-se os índios dizendo que já não podia ser por estarem já todos

contemporâneos. Sua dramática morte é relatada na carta 8, escrita por José de Anchieta em 1555. Dizia dele Nóbrega, em carta de fevereiro de 1553: "É aqui grande instrumento para por ele Nosso Senhor obrar muito, porque é virtuoso e sábio, e o melhor língua do Brasil." O padre pediu ao superior dos jesuítas que o absolvesse do pecado de "morte voluntária de alguns índios"; sem essa absolvição o irmão Correia não poderia ser ordenado padre. Depois de entrar para a Companhia, doou todas as suas terras ao Colégio dos Meninos de Jesus de São Vicente. Dele são conhecidas cinco cartas.

2. Há uma outra versão desta carta, muito mais longa e detalhada (datada de 18 de julho de 1554, de São Vicente), na coleção de manuscritos intitulada *Brasilia*, do Archivum Societatis Iesu Romanum, editada por Serafim Leite em *Novas Cartas Jesuíticas*. Tudo leva a crer que a carta mais próxima do original é a do manuscrito e esta, impressa em 1555, seria uma versão reduzida e refeita, com vários pontos suprimidos, visando à sua divulgação em larga escala.

3. A carta talvez se destine ao padre Brás Lourenço, no Espírito Santo, ou ao padre Luís da Grã, na Bahia.

4. O pe. Nóbrega chegou a São Vicente em janeiro de 1553, acompanhando o governador Tomé de Sousa, tendo sofrido um naufrágio na viagem. A intenção de Nóbrega era converter os índios do sertão, que ainda não tinham tido contato com os portugueses.

os gastos feitos e os convidados reunidos. Puseram-se então a pregar aos escravos e, tendo-os convertidos, não queriam consentir os índios que os batizassem, dizendo que todos os que matassem depois de batizados quando comessem aquela carne morreriam, e que portanto eles não o haviam de consentir, e com isto os velavam muito bem. Mas Nosso Senhor fez de maneira que lhes foi de pouco proveito, porque todos foram batizados com um lenço empapado em água benta, e chegada a hora mandaram dizer ao padre que se pusesse numa parte onde lhe pudessem ver, e que os encomendasse muito a Nosso

5. Este irmão é o próprio Pero Correia.
6. Na versão manuscrita da carta, o irmão Correia descreve um dos "grandes perigos": "temos por averiguado o demônio querê-lo matar pelo caminho, porque de uma vez lhe derrubou dois paus de trinta a quarenta palmos de comprido e grossura de uma perna em cima da cabeça que todos que o viram julgaram por morto. Curaram-no, e como quer que ia pela obediência outro dia ficou tão são, como se não tivesse nada, fazendo-lhe os paus uma grande ferida e julgaram todos que tinha a cabeça quebrada, e logo depois desta ferida veio-lhe uma dor de olhos mui grande que os queria quebrar. Socorreu-se das orações dos padres e irmãos, logo no mesmo dia ficou são, saindo-lhe a dor dos olhos nesta terra tão perigosa que poucas vêm que não façam algum dano. Muitos outros contrastes teve que eu aqui não escrevo para abreviar."
7. Até a aldeia de Maniçoba, atual região de Itu.
8. O soldado Antônio Rodrigues, que assistiu a fundação de Buenos Aires e Assunção, e entrou para a Companhia em São Vicente, em 1553.
9. Essa passagem põe em evidência a importância da música na conversão dos índios, um expediente introduzido por Manuel da Nóbrega. Já no ano de sua chegada, o padre havia percebido a grande atração exercida pela música religiosa: "Tivemos missa cantada ..., Leonardo Nunes e outro clérigo com leigos de boas vozes regiam o coro. Fizemos procissão com grande música, a que respondiam trombetas. Ficaram os índios espantados de tal maneira que depois pediam ao padre Navarro

Senhor, e um irmão, ao tempo de suas mortes, andava pregando assim aos cordeiros como aos carniceiros. E o primeiro que mataram se pôs de joelhos, levantadas as mãos, chamando o nome de Jesus, e assim fizeram os outros, entre os quais entraram três meninos muito pequenos, inocentes, bendito seja o Senhor para sempre.

E depois disto aconteceu que vinham uns espanhóis[10] do Paraguai, que é um braço do rio da Prata que pode estar desta costa, segundo dizem, duzentas léguas ou mais terra adentro, e com eles, pela fama de nossos padres,[11] vinham muitos índios, daqueles que chamam de carijós, com desejo de ser cristãos, dizem que seriam duzentos, e vindo pelo caminho entraram em um lugar desses índios tupiniquins,[12] onde mataram a maioria

que lhes cantasse assim como na procissão fazia" [carta de 9 de agosto de 1549]. Com a chegada dos órfãos cantores de Lisboa, o uso do canto, da música e da dança se incrementou. Verteram-se para o tupi as tradicionais cantigas religiosas e, além disso, cantos originais indígenas foram utilizados para acompanhar trechos da Bíblia traduzidos para o tupi. (Ver nota 27 da carta 2.)

10. Os espanhóis, na época, estavam presentes em Santa Catarina e no sertão de São Vicente. O caminho, muito usado, de Assunção para São Vicente seria fechado pelo governador Tomé de Sousa, para evitar que os espanhóis descobrissem metais preciosos em território brasileiro.

11. Diz Nóbrega em carta escrita de São Vicente, a 25 de março de 1555: "Eu sou importunado cada dia, assim dos espanhóis, por cartas que me mandam, como dos mesmos índios, que vêm de muito longe com grandes perigos, buscar-nos".

12. No original, *tupinaquines*.

deles a flechadas e espada. "Oh, grande glória de Deus", conta-se que eles diziam quando os matavam, "matai, carniceiros, que o corpo podeis matar, mas nossas almas irão hoje ao seu Criador". Oh, padre meu, quantas lágrimas derramaram os padres e irmãos quando souberam destas novas e eu ainda agora quase, com elas, não podia escrever isto. À volta deles dizem que também mataram um espanhol.

Não tardou muito que por outro caminho vinham outros índios da mesma nação,[13] ouvi dizer que eram cinquenta ou sessenta, em companhia de três espanhóis, quando entraram entre os tupiniquins fizeram outro tanto a eles e a dois dos espanhóis, e um fugiu por lugares desertos, e veio ao padre Nóbrega e aos irmãos. Também soube o padre que dois espanhóis que escaparam – da companhia dos primeiros que foram mortos – estavam em poder de uns índios muito maus, os quais diziam que haviam de matar quantos cristãos capturassem, os quais estavam a cem léguas dali, soube o padre, que enviou um irmão que, com o favor do Senhor, os livrou e os trouxe.[14]

13. Os carijós.
14. Esse irmão, mais uma vez, é o próprio Pero Correia.

Estas e muitas outras coisas de glória de Nosso Senhor aconteceram nessa peregrinação.[15]

Este lugar de índios convertidos em que estamos se chama Piratininga, e está dez léguas pela terra adentro, onde temos uma igreja. Todos os domingos e dias de festa há sermões e depois do ofertório os catecúmenos saem;[16] durante a semana há doutrina na igreja duas vezes por dia. Temos também escola, onde um irmão[17] ensina os meninos a ler e escrever, e alguns a cantar, e quando alguém é preguiçoso e não que ir à escola, o irmão o envia a ir buscar outros, e seus pais folgam muito em castigá-los; alguns desses meninos são muito vivos e bonitos. Estes dias passados quando lhes começavam a pregar a fé, lhes diziam que, se acreditassem em Deus, não somente Nosso senhor lhes daria as coisas celestiais que reservava para os Seus, mas que neste mundo, em suas terras e lugares, revelaria muitas coisas, as quais não queria que eles conhecessem até agora porque não

15. Essa peregrinação deu-se pelos arredores de Maniçoba.
16. Depois do ofertório, os catecúmenos saíam da igreja e iam para suas casas, e os cristãos ficavam para ouvir o restante da missa.
17. Antônio Rodrigues, o "primeiro mestre-escola de São Paulo", segundo Serafim Leite.

conheciam seu Criador, e agora, depois que começaram a ser cristãos, revelou Nosso Senhor uma mina de ferro, aqui em sua terra, e quando veem isto eles mesmos uns aos outros dizem o mesmo.[18]

A graça de Deus Nosso Senhor esteja com todos.

18. Na versão manuscrita a carta continua, com uma passagem especialmente mórbida, suprimida nesta versão impressa. Depois da morte de muitos índios recentemente batizados em Piratininga, os padres tomaram suas providências espirituais, que incluíam a autoflagelação de meninos índios: "Fizemos nove procissões aos nove coros dos anjos contra todo o inferno e logo a morte cessou. Esta procissão fazíamo-la a uma cruz que temos metida em uma certa parte, ali iam os meninos somente dos índios, disciplinando-se, e os índios e índias com candeias acesas, dizendo *ora pro nobis*."

Estamos padres y hermanos charissimos eneſ
ta India del Brasil debaxo dela obediencia de
nuestro reuerendo en Christo padre Nobrega re
partidos en quatro partes, en la ciudad del sal
uador dóde reside el gouernador y el señor Obis
po, y aqui se tiene cuydado de enseñar los niños. En la capi
tania de puerto seguro donde vn padre nuestro visita quatro
poblaciones con mucho trabajo, y algunas vezes va a vna q̃
estaday seys leguas, delo que se espera mucho fructo, tambiẽ
aqui ay vn hermano q̃ enseña la doctrina y a leer y scriuir a los
niños, esta capitania de Puerto seguro esta dela ciudad del
Saluador sesenta leguas, en la capitania del Spiritu sancto ay
tambien vna casa dela compañia donde por gracia del señor se
haze fructo enel predicar, aqui ay muchos esclauos, y enseña
les la doctrina Christiana, esta capitania esta ciento y veynte
leguas dela ciudad del Saluador, en la capitania de sant Vi
cente que esta dela ciudad del Saluador dozientas y veynte
leguas ay mas gente dela cõpañia que en ninguna otra par
te donde hizo juntar el padre Nobrega muchos niños hijos
de Indios, enseñaronles la doctrina y a leer y scriuir. Agora
nos hemos passado a esta poblacion de Indios que se llama
Piratininga donde estamos entre los Indios, dia dela con
uersion de S. Pablo diximos la primera missa eneste lugar,
agora conel ayuda de nuestro señor nos occupamos en la doc
trina destos Indios, y en rogar al señor que abra la puerta pa
ra la conuersiõ de muchas naciones de que tenemos nueuas
y en q̃ parece se hara mucho fructo por no auer entre ellas cos
tũbre de comer carne humana, estos Indios entre quien esta
mos agora nos dan sus hijos para q̃ los doctrinemos, y por
la mañana despues dela lecciõ dizen las letanias en la yglesia
y a la tarde la salue, aprenden las oraciones en portugues y en
su propria lengua, y por gracia del señor vienen muchos, assi
hombres como mugeres los domingos a missa, y los que sõ
catecumenos se salen despues del offertorio importunã mu
cho por el sctõ baptismo, mas tienese mucho auiso de no bap
tizarlos

CARTA 8[1]

Pe. José de Anchieta[2]

Carta do irmão José,[3] que escreveu do Brasil aos padres e irmãos da Companhia de Jesus em Portugal[4]

Piratininga, 1555

Estamos, padres e irmãos caríssimos, nesta Índia do Brasil debaixo da obediência de nosso reverendo em Cristo padre Nóbrega, repartidos em quatro partes: na cidade do Salvador onde residem o governador e o senhor bispo[5], e aí se tem cuidado de ensinar os meninos; na capitania de Porto Seguro, onde um padre nosso visita quatro povoações, com muito trabalho, e algumas vezes vai a uma

1. Esta carta é uma montagem de duas cartas quadrimestres, escritas originalmente em latim, uma de maio-setembro de 1554 e outra de setembro-dezembro de 1554. Tanto a tradução para o espanhol quanto a nova redação obtida a partir da fusão, resumo e reescrita das duas cartas talvez tenham sido efetuadas pelo próprio Anchieta. Esta versão refundida, além da edição portuguesa de 1555, foi publicada em Barcelona, em 1556, e em Saragoça, em 1561.
2. José de Anchieta (Tenerife, 1534 – Espírito Santo, 1597) estudou em Coimbra, e chegou ao Brasil aos 19 anos, com o terceiro grupo de jesuítas – do qual faziam

que está a seis léguas daí, do que se espera muito fruto, também aí há um irmão que ensina a doutrina e a ler e escrever aos meninos, esta capitania de Porto Seguro está a sessenta léguas da cidade do Salvador; na capitania do Espírito Santo há também uma casa da Companhia onde por graça do Senhor se faz fruto no pregar, há aí muitos escravos, e ensinam-lhes a doutrina cristã, esta capitania está a cento e vinte léguas da cidade do Salvador; na capitania de São Vicente, que está a duzentas e vinte léguas da cidade do Salvador, há mais gente da Companhia do que em nenhuma outra parte,[6] onde o padre Nóbrega fez

parte os padres Luís da Grã, Brás Lourenço, Ambrósio Pires e os irmãos João Gonçalves, Antônio Blasques e Gregório Serrão –, que desembarcou na Bahia, juntamente com o novo governador-geral Duarte da Costa, em julho de 1553. No mesmo ano foi designado, pelo pe. Manuel da Nóbrega, a fazer parte do grupo de missionários liderado pelo padre Manuel de Paiva, encarregado de fundar novo colégio nos campos de Piratininga, em São Vicente. Autor de obra diversificada, escreveu, além das cartas, poemas líricos, épicos e dramáticos, gramáticas, peças de teatro e ainda outros textos, em português, espanhol, latim e tupi.

3. No original, *Joseph*.

4. Nesta carta, Anchieta relata a morte do irmão Pero Correia entre os índios.

5. O governador Duarte da Costa e o bispo Pedro Fernandes Sardinha.

6. Após desentendimento com o bispo Sardinha, na Bahia, Nóbrega concentrou os esforços da Companhia em São Vicente. Sobre o bispo, dizia Nóbrega, em carta de fevereiro de 1553: "Porque o bispo leva outros modos de proceder com os quais creio que não se tirarão pecados e se roubará a gente de quanto dinheiro puderem ganhar, e se destruirá a terra. Seus clérigos absolvem quantos amancebados há ..., pregam que pequem e se levantem." No mês seguinte, em carta ao principal da Companhia em Coimbra, Nóbrega é mais incisivo: "onde [o bispo] podia tirar dinheiro, ainda que não houvesse pecado, aí havia grandes exames; e onde não, ainda que houvesse

juntar muitos meninos filhos de índios, e ensinaram-lhes a doutrina e a ler e escrever.

Agora passamos a esta povoação de índios que se chama Piratininga, onde estamos entre os índios. No dia da conversão de São Paulo dissemos a primeira missa neste lugar.[7] Agora, com a ajuda de Nosso Senhor, nos ocupamos da doutrina desses índios e em rogar ao Senhor que abra a porta para a conversão de muitas nações de que temos novas e em que parece que se fará muito fruto por não haver entre eles costume de comer carne humana.[8] Estes índios entre os quais estamos agora nos dão seus

graves pecados, disso se fazia pouca conta". Com a Bahia tomada pelos clérigos do bispo, Nóbrega decidiu pregar no sertão: "quanto mais apartados dos brancos, tanto mais crédito nos têm os índios". Sobre São Vicente, diz em carta ao rei de Portugal, d. João III, a outubro de 1553: "somente lhe darei alguma conta desta capitania de São Vicente, onde a maior parte da Companhia residimos por ser ela terra mais aparelhada para a conversão do gentio que nenhuma das outras, porque nunca tiveram guerra com os cristãos, e é por aqui a porta e o caminho mais certo e seguro para entrar nas gerações do sertão, de que temos boas informações".

7. Singelamente, aqui, Anchieta registra a primeira missa rezada no que viria a ser a cidade de São Paulo, na época uma povoação de índios denominada Piratininga. Conforme carta de 1554, diz Anchieta que a missa foi rezada, a 25 de janeiro de 1554, pelo padre Manuel de Paiva, "em paupérrima e estreitíssima casinha". Esse episódio marca a fundação da cidade de São Paulo.

8. Esses povos eram denominados, pelos jesuítas, *ibirajaras*. Os ibirabaquiyaras, índios da família jê, também são conhecidos como caiapós. Registra Anchieta em carta de 1554: "certos povos, a que apelidam ibirajaras, os quais cremos que se avantajam a todos estes, não só no uso da razão, como na inteligência e na brandura dos costumes. Obedecem todos estes a um único senhor, têm grande horror à carne humana, vivem satisfeitos com uma só mulher ...".

filhos para que os doutrinemos, e pela manhã, depois da lição, dizem as litanias na igreja e, à tarde, a Salve.[9] Aprendem as orações em português e em sua própria língua, e por graça do Senhor vêm muitos, assim homens como mulheres, aos domingos, à missa, e os que são catecúmenos saem depois do ofertório. Importunam muito pelo santo batismo, mas tem-se muito aviso de não batizá-los até ter deles muita experiência – pela que se tem aqui nesta terra. Alguns inocentes, aqui, passam desta vida batizados, os quais esperamos que roguem por nós e por seus pais a Nosso Senhor. Um índio principal que veio aqui, de mais de cem léguas, para converter-se à nossa santa Fé, morreu com sinais de ser bom cristão, recebida a água do batismo; este nos dizia muitas vezes que um filho seu, inocente, o qual havia falecido batizado, lhe havia muitas vezes dito, do Céu, que deixasse os erros da gentilidade, e, sem dúvida, isto lhe havia trazido até aqui.

Estes índios têm grandíssimas guerras entre si, umas nações com as outras, o que é comum em toda a Índia do Brasil, e depois que chegamos aqui foram à guerra e um dia antes da batalha fizeram uma cabana segundo seu costume

9. Na carta quadrimestre, a frase continuava: "e todas as sextas-feiras fazem procissões com grande devoção, disciplinando-se até o sangue".

onde puseram uma cabaça feita ao modo de rosto humano, ataviada com plumas, – os feiticeiros que fazem isto se chamam pajés – para sacrificar-lhe e perguntar-lhe sobre o sucesso da guerra. E como chamassem os catecúmenos, eles responderam que tudo aquilo era grande falsidade, e que eles esperavam a vitória de seu Deus. E no dia seguinte, aparecendo grande multidão de inimigos, começaram a desmaiar, e uma mulher do capitão dessa povoação, já batizada,[10] começou a animá-los, admoestando-lhes que fizessem o sinal da cruz na fronte. Os inimigos foram vencidos. Os catecúmenos deram mui grande sinal de ser inteira a sua intenção, porque aos inimigos que mataram, que antes soíam comer em grandessíssimas festas, deixaram enterrados – os quais desenterraram e comeram os mesmos de sua parte, porque tornaram ao lugar da batalha, como eles costumam, e pensavam que estes eram dos contrários.[11]

Os que fazem essas feitiçarias[12], que, como disse, são muito apreciados pelos índios, persuadem-lhes que em seu poder está a vida e a morte, não ousam, com tudo isso, aparecer diante de nós, porque lhes descobrimos suas

10. A mulher do cacique Tibiriçá.

11. Os inimigos voltaram ao local da batalha e, ao encontrarem corpos enterrados, julgaram ser os de seus contrários e não os de sua própria tribo, e assim, enganados, comeram seus próprios conterrâneos.

12. Os pajés.

mentiras e maldades. Esperamos na infinita misericórdia de Cristo Nosso Senhor que, assim pelos que aqui estão como pelos que a santa obediência enviará, se porá remédio na cegueira em que estão tantas nações de índios. E creiam, caríssimos irmãos, que ainda que nestas partes haja falta das coisas exteriores, que Nosso Senhor, a quem as quer, assim por Seu amor, dá muita alegria interior, o que aqui se vê bem, que desde janeiro até agora somos, algumas vezes, vinte pessoas em uma casa feita de madeira e palha,[13] a qual terá de comprimento quatorze passos e dez de largura, que nos serve de escola, dormitório, refeitório, enfermaria, cozinha e despensa, e com lembrarmo-nos que Nosso Senhor Jesus Cristo nasceu em um pobre presépio entre os animais, e que morreu em outro lugar muito mais estreito, estamos muito contentes nela, e muitas vezes lemos a lição de gramática no campo.[14]

O principal mantimento desta terra é uma farinha de pau que se faz de certas raízes a que chamam mandioca, as quais são plantadas e lavradas para este fim.[15] E se se comem cruas ou assadas ou cozidas matam, porque é

13. Esse é o colégio de Piratininga em sua forma mais primitiva.

14. A carta quadrimestre era mais detalhada: "Esta casa construíram-na os próprios índios para nosso uso, mas agora preparamo-nos para fazer outra um pouco maior, de que nós seremos operários com o suor de nosso rosto e o auxílio dos índios."

15. Nesse trecho, Anchieta indica que os índios cultivavam a mandioca.

necessário deitá-las em água até que apodreçam e, depois de apodrecidas, se desfazem em farinha. Este é o principal mantimento, com alguns legumes e folhas de mostarda.[16] Os índios também nos dão, algumas vezes, alguma carne de caça, alguns peixes, e muitas vezes Nosso Senhor, quando menos esperamos, nos socorre, e somos muito gratos por Sua bondade, que em tanta falta das coisas corporais nos dá saúde e forças.

Estes são os lugares em que estão pessoas da Companhia, e em outro lugar dos índios[17] estão dois padres nossos com outros irmãos semeando a palavra de Deus. Esta Piratininga em que agora estamos está a vinte e quatro graus do meio-dia, e toda esta terra, desde a primeira habitação dos portugueses, que é em Pernambuco, até aqui e ainda mais adiante, é por trezentas léguas povoada de índios que têm por sumo deleite comerem-se uns aos outros. E, muitas vezes, vão à guerra e, havendo andado mais de cem léguas, se cativam três ou quatro, regressam com eles, e com grandes festas e cantares os matam usando de muitas cerimônias gentílicas e assim os comem, bebendo muito vinho que fazem de raízes. E os miseráveis dos

16. A mostarda e os demais legumes provavelmente tinham sido trazidos a São Vicente pelos colonizadores de Martim Afonso de Sousa, em 1535.
17. Maniçoba, atual região de Itu.

cativos se têm por mui honrados morrer morte que a seu parecer é muito gloriosa.

Esta nação de índios daqui cremos que se estende muito pela terra adentro. Fora essas nações que mencionei há outra nação no Brasil, mui estendida, que se chama carijó[18], muito mais mansa e capaz das coisas de Deus; estes estão já debaixo do poder do imperador[19], temos experiência deles por alguns que tivemos aqui, instruindo-os na fé. Seguem-se, depois destas, outras nações inumeráveis pela terra adentro, para o ocidente, até o Peru, e a maior parte delas percorreu agora o padre Azpilcueta,[20] como sabeis por sua carta. Entre estes, por não comerem carne humana e por serem mais chegados à razão, esperamos no Senhor que quando forem visitados se fará maior proveito e mais firme. A estas nações estão juntas outras muitas de índios que por nome próprio são chamados de escravos[21] e se estendem até o rio das Amazonas.

18. No original, *carixos*.
19. Carlos V, rei da Espanha.
20. Como sabemos pela carta de Azpilcueta Navarro (ver carta 10), o padre não encontrou tais índios, mas nações antropófagas e violentas no sertão de Minas Gerais. Na carta quadrimestre que originou a presente carta não há referência ao padre Navarro. O protagonista da viagem aqui citada por Anchieta pode ter sido o jesuíta Antônio Rodrigues, que percorreu caminhos da bacia do rio da Prata até a fronteira com o Peru.
21. Os índios tupis denominavam tapuias todas as nações "estrangeiras", bárbaras; *escravo* é uma das designações da palavra tapuia.

O irmão Pero Correia,[22] que sabe muito bem a língua do Brasil e tem muita autoridade entre os índios pelo muito tempo que gastou nesta terra antes de ser da companhia, foi com um dos irmãos[23] ver se podia abrir caminho até um gênero de índios que se chamam ibirajaras, dos quais temos notícia de que são muito chegados à razão, porque obedecem a um senhor e não têm mais que uma mulher, nem comem carne humana, nem têm idolatria nem feitiçaria alguma e, segundo ouvimos, assim nisto como em outras muitas coisas, se diferenciam muito dos outros índios.[24] E para descobrir este caminho foi a umas povoações de índios de onde nos escreveu que havia sido muito bem recebido, e que determinavam aqueles índios fazer uma grande povoação para que nossos irmãos que lá fossem ensiná-los o fizessem com mais facilidade, e como prova deste seu desejo ser verdadeiro lhe entregaram um índio cristão a quem já aparelhavam com suas miseráveis solenidades para daí a pouco tempo comê-lo. Também soltaram um castelhano que tinham cativo.

22. Ver nota 1 da carta 7.
23. Dois irmãos acompanharam Pero Correia: João de Sousa e Fabiano de Lucena.
24. O irmão Pero Correia tinha três missões a cumprir nessa entrada: fazer comunicação com os ibirajaras, convencer os tupis de Cananéia a deixarem um grupo de espanhóis atravessar em paz as suas terras, e fazer as pazes entre carijós e tupis de modo a facilitar o trânsito e propiciar a conversão dos povos do sertão.

Deixando pois o padre[25] ali um irmão[26] que os ensinasse, partiu a seis de outubro para efetuar o que disse. Agora soubemos umas novas, as quais devem ser de grandíssima consolação para todos, e se queremos ser agradecidos devemos dar à Suma Bondade muitas graças por elas e por isso lhes escreverei largo.

O padre Manuel da Nóbrega enviou o irmão Pero Correia para descobrir os ibirajaras[27], e também havia outra coisa de muita importância que haviam de fazer, que era procurar passada a uns castelhanos de qualidade[28] que com suas mulheres nobres e delicadas aportaram aqui, indo à cidade do Paraguai[29], que é sujeita ao imperador,[30] e como não pudessem ir por terra,[31] depois de alguns anos constrangidos pela pobreza, determinaram ir por

25. O padre a que se refere Anchieta é o irmão Pero Correia.
26. O irmão Fabiano de Lucena, que ficou em Cananéia doutrinando os índios e tratando o espanhol ferido.
27. No original, *ivirazaras*.
28. Os castelhanos, que haviam naufragado na Lagoa dos Patos (Rio Grande do Sul), foram trazidos para São Vicente por alguns portugueses, entre eles Leonardo Nunes, em 1550. Permaneceram na vila até 1555, quando conseguiram ir, por terra, até Assunção, aonde chegaram no mês de outubro. Nóbrega faz rápida referência a esse episódio em carta de junho de 1553: "Todos estamos de saúde, salvo Leonardo Nunes, que veio muito doente do rio dos Patos, aonde foi a fazer vir umas senhoras castelhanas, vindas numa armada que ia para o rio da Prata e se perderam ali."
29. No original, *Pargay*. Cidade do Paraguai: Assunção.
30. Carlos V.
31. O caminho havia sido fechado pelo governador Tomé de Sousa.

mar até umas aldeias de índios; o irmão Pero Correia havia de os esperar para fazer com que os índios não lhes fizessem mal. Partiu pois com outros dois irmãos no dia de São Bartolomeu[32], depois de recebido o santíssimo sacramento, e com muitos trabalhos e fomes chegaram a um rio que se chama Cuparaguai[33], onde se presumia que haviam de chegar os castelhanos, e no caminho lhes sucedeu o que disse atrás, e não os achando aqui, depois de haver pregado a palavra de Deus como havia feito pelas aldeias atrás pelo caminho, deixou os índios mui pacíficos, não somente determinados a não fazer mal aos castelhanos quando viessem, mas ocupados em fazerem-lhes mantimentos. E assim partiu adiante deixando um irmão para curar o castelhano cativo, que como disse atrás estava maltratado,[34] e, depois de curado, adoeceu o irmão. Os índios a princípio lhe favoreciam, mas aconteceu que mataram um contrário com suas festas de costume e o

32. 24 de agosto.
33. Como esclarece o pe. Hélio Viotti, em sua modelar edição das cartas de José de Anchieta, trata-se do rio Superagui, hoje no Parque Nacional do Superagui, no litoral sul de São Paulo.
34. Aqui, observamos um dos traços da reescrita das cartas quadrimestres: na verdade, nessa carta, não há referência anterior ao "castelhano maltratado". Quase todas as referências a esse personagem – responsável pela morte de Pero Correia, que será narrada a seguir – foram suprimidas.

irmão, assim enfermo como estava, trabalhava com muitas razões para apartá-los disso, dizendo-lhes quantas coisas Deus Nosso Senhor havia criado no mar e na terra para seu mantimento, e depois foi a suas casas e lhes tomou um pedaço de carne que achou posta no fumo, e eles por isto lhe tomaram grande ódio, e enfermo como estava voltou até nós, louvores ao Senhor que no-lo restituiu.

O irmão Pero Correia seguiu adiante com o irmão João de Sousa. O demônio[35] persuadiu aqueles índios – havendo mostrado a princípio muita benevolência e amor pelos irmãos, e querendo eles já voltar – que acreditassem que iam como espiões de outros índios seus inimigos, e assim, despedindo-se, saíram com eles dez ou doze índios principais, e estando já apartados das povoações começaram a flechar o irmão Sousa que, segundo dizem, se pôs de joelhos louvando o Senhor, e assim o mataram. O irmão Pero Correia, vendo isso, lhes começou a falar, e a resposta deles eram flechadas. Ele todavia esteve falando com eles ainda um pouco, recebendo-as, até que não podendo mais sofrê-las, deixou o bordão que trazia e se pôs de joelhos,

35. O demônio em questão era o espanhol, que os jesuítas libertaram das mãos dos índios e curaram. Enquanto Pero Correia convencia os índios a fazerem pazes com seus inimigos, o espanhol lhes dizia que "o irmão Pero Correia viera ali para abrir o caminho, por onde os inimigos haviam de atacar, e que até trouxera arcos para os matarem".

encomendando sua alma ao Senhor, e assim morreram nossos dois irmãos, bendito seja o Senhor.[36] Muita consolação nos causou sua morte e pedimos outra semelhante ao Senhor, e agora cremos que quer fundar aqui a Sua igreja pois lavra pedras desta maneira para a sua fundação. Com esta consolação temos mesclada muita dor e saudade que nos deixa de sua suave conversação.[37]

O irmão Pero Correia era um homem dos principais portugueses que havia no Brasil, e andava em um navio assaltando esses índios, pensando que assim fazia um grande serviço a Deus, porque os tirava de suas terras e os trazia à lei dos cristãos, e por ser nobre e mui prudente era muito temeroso a Deus, e assim foi o primeiro que nesta terra entrou na Companhia, e em cinco anos que esteve nela fez muito proveito com a língua, que ele sabia muito bem, e com o bom talento que Deus Nosso Senhor lhe havia dado e o muito crédito que nesta terra tinha com os índios, até que morreu em serviço de suas almas.[38] Bem o mostraram aqui os índios nas lástimas que

36. A carta original é mais contundente: "Mortos os dois irmãos, tiraram-lhes a roupa e abandonaram os corpos para serem devorados pelas aves e feras."
37. Convivência, companhia.
38. A carta quadrimestre original é mais detalhada: "O irmão Pero Correia era tido entre os mais nobres deste reino e passou a maior parte de sua vida viajando em navio

disseram, entre outros prantos foi notável o que fez este principal de Piratininga que se chama Martim Afonso,[39] que desde a meia-noite até a manhã andou ao redor de suas casas, segundo o costume deles, dizendo lástimas que nós ouvimos, *scilicet*, "já morreu o senhor do falar, aquele que sempre nos falava a verdade, aquele que com o coração nos amava, já morreu nosso pai, nosso irmão, nosso amigo", e outras coisas semelhantes. O irmão João de Sousa também foi dos primeiros que aqui entraram na Companhia, onde nos deu a todos muito bom exemplo, e assim do ofício de cozinheiro lhe chamou o Senhor a tão gloriosa morte. Não podemos deixar de nos envergonhar vendo que dois irmãos recebidos no Brasil correram[40] mais do que nós que viemos de Portugal. Praza a nosso benigníssimo Jesus dar-nos a todos Sua graça para que

de uma parte para a outra, na pilhagem destes índios, ora matando a muitos, ora trazendo para entre os cristãos os que tirava da própria pátria com muitos enganos, e reduzia a cativeiro. ... Foi o primeiro de todos que abraçou a vida da nossa Companhia, asseverando muitas vezes e estando firmemente persuadido que não havia de conseguir de Deus perdão e salvação, se não se entregasse completamente ao serviço destes índios, a quem causara tantos e tão grandes danos."

39. Trata-se do chefe indígena Tibiriçá, batizado com o nome de Martim Afonso Tibiriçá em homenagem a Martim Afonso de Sousa. Tibiriçá era pai de Bartira, índia casada com o português João Ramalho.

40. Esse trecho fica mais claro na quadrimestre original: "Não podemos deixar de nos envergonhar muito, tendo-nos vencido na corrida a nós que viemos de Portugal, e tendo chegado primeiro à meta comum, para que todos tendemos, dois irmãos admitidos na Companhia no Brasil."

na vida e na morte nos conformemos com Sua santíssima vontade.

Uma coisa desejamos aqui todos e pedimos muito a Nosso Senhor sem a qual não se poderá fazer fruto no Brasil como desejamos, e é que esta terra toda seja muito povoada por cristãos[41] que a tenham sujeita, porque a gente é tão indômita e está tão encarniçada em comer carne humana e isenta em não reconhecer superior, que será muito difícil ser firme o que se plantar, se não houver esse remédio, o qual continuamente pedem aqui os padres e irmãos a Nosso Senhor e estão mui consolados por haver quase certeza que pela terra adentro se descobrirão muitos metais, porque com isto se habitará muito esta terra, e estes pobres índios que tão tiranizados estão pelo demônio se converterão a seu criador, e Ele nos tenha sempre a todos de Sua mão.

Desta Piratininga.

41. É uma constante nessas cartas o apelo à vinda de colonos e a uma maior e mais extensa povoação da terra.

ron en la compañi, donde nos dio a todos muy buen exem-
plo, y aſſi del officio de cozinero le llamo el ſeñor a tã glorioſa muerte, no podemos dexar de nos auergonçar viendo q̃ dos hermanos recebidos en el Braſil corrierõ mas que noſotros que venimos de Portugal, plega a nueſtro benigniſſimo Jeſu darnos a todos ſu gratia para que en la vida y en la muerte nos conformemos con ſu ſanctiſſima voluntad.

¶ Una coſa deſeamos aca todos y pedimos mucho a nr̃o ſeñor ſin la qual no ſe podra hazer el fructo en el Braſil que deſeamos, y es que eſta tierra toda ſea muy poblada de Xpianos que la tengan ſubjecta, porque la gente es tam indomita y eſta tan encarniçada en comer carne humana y exempta en no recognoſcer ſuperior, que ſera muy difficultoſo ſer firme lo que ſes pintare, ſino ouiere eſte remedio, el qual continuamẽte piden aca los padres y hermanos a nueſtro ſeñor y eſtan muy conſolados por auer quaſi certeza q̃ por la tierra a dẽtro ſe deſcubren muchos metales porque con eſto ſe habitara mucho eſta tierra, y eſtos pobres Indios que tan tiranizados eſtan del demonio, ſe conuertiran a ſu criador, el nos tenga ſiẽpre a todos de ſu mano. Deſta Piratininga.

Carta del Hermano Ioſeph.

La gracia y amor de nueſtro ſenhor Ieſu Chriſto ſea ſiempre en nueſtro continuo fauor y ayuda amen

Chariſſimos padres y hermanos, grande creo q̃ ſera el deſeo q̃ alla tendran de ſaber de noſotros, porq̃ ſi le medimos por el que noſotros aca tenemos de ſaber dellos no puede dexar de ſer muy grãde. Mas es neceſſario q̃ tengamos paciencia pues de año en año a penas parte vn nauio, ſera eſto ocaſion de mas yntimamente

nos

CARTA 9

Pe. José de Anchieta[1]

Carta do irmão José[2]

Piratininga, 15 de março de 1555

Aos irmãos e padres da Companhia de Jesus em Coimbra

A graça e o amor de Nosso Senhor Jesus Cristo seja sempre em nosso contínuo favor e ajuda, amém.

Caríssimos padres e irmãos, grande creio que será o desejo que aí terão de saber de nós, porque se o medirmos pelo que nós aqui temos de saber de vós, não pode deixar de ser muito grande. Mas é necessário que tenhamos paciência pois de ano em ano apenas parte um navio, será isto ocasião de mais intimamente nos amarmos e unirmos espiritualmente, pois nem ainda por cartas podemos corporalmente, no que não vos damos vantagem, porque não

1. Ver nota 1 da carta 8.
2. Esta carta é uma espécie de complemento da anterior e também foi publicada em Barcelona em 1556, e em Saragoça em 1561. O original desta carta se perdeu.

se pode apartar dos nossos corações a contínua memória que dos caríssimos irmãos temos, de sua vinda para colher algum fruto, e do muito que por falta de obreiros se perde nestas grandíssimas terras da gentilidade, que estão mui secas por falta da água saudável da palavra de Deus.

Estamos, como lhes escrevi, nesta aldeia de Piratininga onde temos uma grande escola de meninos filhos de índios, já ensinados a ler e escrever, e aborrecem[3] muito os costumes de seus pais, e alguns sabem ajudar a cantar a missa, estes são nossa alegria e consolação porque seus pais não são muito domáveis, posto que sejam mui diferentes dos das outras aldeias porque já não matam nem comem contrários, nem bebem como antes. No dia de São Lourenço[4] se deram algumas roupas a alguns deles, feitas do pano que el rei nos dá de esmola,[5] coisa com que folgam muito, e assim as mais das noites se juntam para cantar coisas de Deus em sua língua, e alguns de outras aldeias vêm aqui a pousar nesta, com suas casas.

Da maneira dos carijós, de que outras vezes escrevi, e de outras nações para as quais há por aqui entrada aberta,

3. Aborrecer: ter horror ou aversão, abominar.

4. 10 de agosto.

5. Os jesuítas recebiam do rei subsídios para mantimentos e para roupas. (Ver nota 14 da carta 3.)

temos mui boas novas e muita esperança que o Senhor há de fazer nelas muito fruto. E ainda agora temos mais que novas, porque veio aqui um principal destes índios que chamam carijós, que é senhor daquela terra, com muitos criados seus,[6] e não veio a mais que para nos buscar para que vamos a suas terras a ensiná-los, diz-nos sempre que eles estão lá como bestas, sem saber as coisas de Deus, e afirmo-lhes, caríssimos irmãos, que é um bom cristão e mui discreto, que nenhuma coisa tem de índio.

Nosso Senhor por Sua infinita misericórdia plante em toda a terra Sua santa Fé, livrando-a do grão cativeiro em que está do demônio, o que todos os caríssimos irmãos devem pedir com muita instância a Nosso Senhor a cada dia em suas orações, recordando-se nelas de nós.

A quinze de março de 1555.

6. Em outra carta, de 15 de março de 1555, Anchieta também se refere a esse índio: "Está conosco um principal dos índios chamados carijós, que é senhor de uma vasta terra, e veio com muitos dos seus servidores só à nossa procura, afim de que corramos às suas terras para ensinar, dizendo que vivem como bestas feras ...".

Vna del padre Iuan de Aspilcueta.

La gracia y amor de nuestro senhor Iesu Christo sea siempre en nuestras animas.

Charissimos hermanos passa de año τ medio que por mandado de nr̃o padre Manuel de nobrega ando en compañia de doze hombres xp̄ianos que por mandado del capitan ē traron por la tierra a dentro a descubrir si auia alguna nacion de mas calidad y assi mismo si auia en la terra cosa por donde mas xp̄ianos viniessen a poblarla lo que summamēte ymporta para la conuersion destos gentiles, esta no es para mas que para darles cuēta como despues del tiempo que dixe soy tornado con todos los doze compañeros por gracia del señor, saluos y ē paz q̃ era para lo que el padre me enbiaua, con ellos, darles cuenta del camino en particular, seria nunca acabar. Mas porque se que deso se consolaran mucho, les dire en general algunas cosas delas que passamos τ vimos, sabran hermanos charissimos que entramos por la tierra a dentro trezientas τ cincuēta leguas siempre por caminos poco d̃scubiertos por sierras muy fragosas que no tienen cuento τ tanto numero de rios que en partes en espacio de quatro o cinco leguas passamos cincuenta vezes cōtadas por agua. y muchas vezes si no me socorrieran me ouiera de abogar, mas de tres meses fuimos por tierras muy humidas y frias por causa d̃las muchas arboledas d̃ arboles muy gruessas y altas de hoja q̃ siēpre esta verde, llouia muchas vezes y muchas noches dormiamos mojados especialmēte ē lugares d̃spoblados y assi todos los hōbres ē cuya cōpania yua, estuuierō quasi ala muerte d̃ ēfermedades, vnos ē las aldeas y otros ē d̃spoblados y sin tener mas medicina q̃ sāgrarse ē pie forçādo la necessidad a caminar y sin

tener

CARTA 10

PE. JOÃO DE AZPILCUETA NAVARRO[1]

Uma do padre João de Azpilcueta[2]

Porto Seguro, 24 de junho de 1555

Aos irmãos e padres da Companhia de Jesus em Coimbra

A graça e amor de Nosso Senhor Jesus Cristo seja sempre em nossas almas.

Caríssimos irmãos, passa de ano e meio[3] que por mandado de nosso padre Manuel da Nóbrega ando em companhia de doze homens cristãos que, por mandado do capitão,[4] entraram pela terra adentro para descobrir se havia alguma nação de mais qualidade e, também, se havia na terra coisa por onde mais cristãos viessem a povoá-la, o

1. Ver nota 1 da carta 5.

2. Nesta impressionante carta, o padre Navarro conta sua longa aventura pelos sertões, no que seria a primeira entrada nas terras do atual estado de Minas Gerais. A expedição, idealizada por Tomé de Sousa, e apoiada pelo rei de Portugal, d. João III, buscava encontrar o grande rio (São Francisco) onde se dizia haver ouro e prata. A entrada vinha sendo planejada desde 1551, mas só veio a se concretizar dois anos

que sumamente importa para a conversão desses gentios.[5] Esta não é mais que para dar-lhes conta como, depois do tempo que disse, tornei com todos os doze companheiros, por graça do Senhor, salvos e em paz, que era para o que o padre me havia enviado com eles.[6] Dar-lhes conta do caminho em particular seria nunca acabar. Mas porque sei que com isso muito se consolarão, lhes direi em geral algumas coisas das quais passamos e vimos.

Saberão, irmãos caríssimos, que entramos pela terra adentro trezentas e cinquenta léguas, sempre por caminhos pouco descobertos, por serras mui fragosas que

depois, já no governo de Duarte da Costa. Há muita controvérsia sobre os integrantes da expedição e sobre a identificação de seu percurso, já que a carta do padre Navarro é o único testemunho da aventura. Segundo Varnhagen, faziam parte da expedição o padre Navarro, Jorge Dias e mais 12 homens; eles teriam saído de Porto Seguro, ultrapassado a serra do Mar, chegado ao rio São Francisco, e voltado pelo rio Verde e depois pelo Pardo, que desceram, até o mar. Capistrano de Abreu afirma que a viagem foi chefiada pelo espanhol Francisco Bruza de Espinosa, e levava 12 cristãos e muitos índios; teriam saído de Porto Seguro seguindo o rio Jequitinhonha, chegaram à serra de Itacambira, daí partiram e foram dar num rio que talvez fosse o das Velhas; a viagem teria chegado, portanto, até Diamantina e ao Serro.

3. Desde dezembro de 1553, quando partiu a expedição.

4. O capitão, aqui referido, seria o governador-geral Duarte da Costa.

5. A entrada não cumpriu o seu principal objetivo, como conta o padre Ambrósio Pires em carta de 6 de junho de 1555, após a volta dos homens da expedição: "Não trazem ouro nem prata, nem novas dele, não ousaram de passar a outro gentio, em que diziam está o que buscavam." Ou seja, nem ouro para o rei nem melhores índios para a conversão.

6. Em carta de 19 de setembro de 1553, Leonardo Nunes não tinha certeza se sobreviveria à viagem: "Também me trouxeram uma carta do governador, com outra dos padres, em que me escreviam que quisesse ir com uns homens que, por el rei, vão

não têm conto e tanto número de rios que, em partes, no espaço de cinco ou seis léguas, passamos cinquenta vezes contadas por água, e muitas vezes se não me socorressem me havia de afogar. Mais de três meses seguimos por terras mui úmidas e frias por causa dos muitos arvoredos de árvores mui grossas e altas, de folha que sempre está verde, chovia muitas vezes, e muitas noites dormíamos molhados, especialmente em lugares despovoados. E assim todos os homens em cuja companhia eu ia estiveram quase à morte por enfermidades, uns nas aldeias, outros em despovoados, e sem ter mais medicina que se sangrar em pé, forçando a necessidade de caminhar, e sem ter outro mantimento nas mais das vezes senão farinha de água. E não perigou nenhum porque nos socorreu Nosso Senhor com Sua misericórdia, livrando-nos também de muitos perigos de índios contrários que algumas vezes se determinavam a nos matar, principalmente em uma aldeia grande onde estavam uns feiticeiros fazendo feitiçarias, aos quais,

descobrir terra pelo sertão, e nós por haver palpado este gentio e não se fazer fruto quererá Nosso Senhor descubra agora e ache algum gentio melhor. Para o ano, se não nos comerem os negros, vos escreverei mais largamente de tudo, se Deus for servido. *Interim*, encomendai-me muito ao Senhor, caríssimos, e porque nunca me achei em tanta necessidade, como agora, por ir só entre leigos de diversas mães, por terras cobertas de gentes bárbaras que se comem, que com lágrimas vos quisera escrever não a ida, senão meu pouco espírito para tão grande empresa."

porque andam de uma parte para outra, fazem os índios grandes recebimentos, consertando os caminhos por onde virão e fazendo grandes festas de comer e beber.

Estava pois nesta aldeia muita gente de outras aldeias, que viera às festas dos feiticeiros. Logo que chegamos houve entre eles algum alvoroço, mas um índio principal que ia conosco, muito bom homem, começou a fazer-lhes uma prática a seu modo, com que se sossegaram, e com tudo isto não quisemos estar aí mais que aquela noite, que foi para mim mui triste e mui longa, porque vi coisas de que fiquei espantado. No meio da praça tinham feita uma casa grande e, nela, outra mui pequena na qual tinham uma cabaça figurada como cabeça humana, mui ataviada a seu modo, e diziam que aquele era seu santo e chamavam-lhe amabozarai, que quer dizer pessoa que dança e folga, que tinha a virtude de fazer que os velhos se tornassem moços. Os índios andavam pintados com tintas, mesmo os rostos, e emplumados de plumas de diversas cores, bailando e fazendo muitos gestos, torcendo as bocas e dando uivos como cachorros, cada um trazia na mão uma cabaça pintada dizendo que aqueles eram seus santos, os quais mandavam os índios que não trabalhassem porque os mantimentos nasceriam por si, e que as flechas iriam ao campo matar a caça,[7] estas e outras muitas coisas vi, que eram para chorar muitas lágrimas.

No dia seguinte partimos e passamos muitos despovoados, especialmente um de vinte e três jornadas por entre uns índios que chamam tapuia,[8] que é um gênero de índios bestial e feroz, porque andam pelos bosques como manadas de veados, desnudos e com cabelos mui longos como de mulheres; sua fala é mui bárbara, e eles mui carniceiros, e trazem flechas ervadas, e despedaçam um homem em um momento. Para passar por entre eles juntamos muitos índios dos nossos, que estão em paz, e passamos adiante com espiões, com grande perigo. Um índio que vinha conosco, que nos era muito útil, passou um tiro de besta adiante dos brancos, e veio de súbito uma manada desses tapuia e, despedaçando-o, levaram-no em quartos. E com este medo nem os homens brancos nem os índios ousaram, daí em diante, se apartar do caminho, pelo que padeciam muita necessidade, mesmo de água. Os dias aqui eram calorosos e as noites frias, as quais passávamos sem mais cobertura que a do céu, e neste despovoado passamos uma serra mui grande[9] que corre

7. Esse trecho é muito semelhante à *Informação das partes do Brasil*, de Nóbrega.
8. No original, *tapuzas*. Os tapuias, ou aimorés, do tronco jê.
9. Todas as indicações topográficas e hidrográficas a seguir são de difícil identificação com os nomes atuais. A serra aqui referida seria a de Itacambira ou a serra do Espinhaço, entre outras possibilidades.

do norte para o meio do dia, e nela achamos rochas mui altas de pedras mármore, nesta serra nascem muitos rios caudalosos, passamos por dois que vão a sair no mar entre Porto Seguro e Ilhéus, e um se chama rio Grande[10] e outro rio das Urinas[11].

Dali fomos dar em uma nação de gentios que se chama catiguzu,[12] e daí partimos e fomos até um rio mui caudal, por nome Pará,[13] que, segundo os índios nos davam informação, é o rio de São Francisco e é muito largo. Na parte onde estávamos são os índios que deixei, da outra se chamam tamoios – inimigos destes –, e por todas as outras partes estão os tapuias. Vendo-nos pois neste aperto, nos pareceu a todos que ordenássemos barcos em que fôssemos pelo rio e, assim, começou cada um a fazer o que entendia, porque não tínhamos carpinteiros. E assim assentamos em uma aldeia junto da qual passa um rio por nome Monail,[14] que vai dar em um outro, e isto para não sermos sentidos dos contrários que estariam daí a três léguas. Fizemos logo uma cruz grande e

10. Talvez o rio Jequitinhonha.
11. No original, *Horinas*. Talvez o rio Pardo.
12. Índios de difícil identificação.
13. Talvez o próprio rio São Francisco (já nomeado Parapitinga) ou o rio das Velhas.
14. Rio de difícil identificação, talvez o Araçuaí.

pusemo-la na entrada da aldeia, e junto com ela fizemos uma ermida onde lhes fazia práticas de Nosso Senhor aos companheiros. E com a licença de todos comecei a ir pelas aldeias e logo na terceira aonde fui achei suas miseráveis festas, porque tinham uma menina pequena na praça, atada com umas cordas para matá-la, ao que se havia juntado muita gente das outras aldeias; cheguei-me a ela e falei-lhe na língua de nossos índios e não me entendeu porque era filha de tapuias, que são os selvagens que atrás disse. Aqui vi cerimônias que nunca tinha visto neste auto de matar. Dali fui muito triste para outras aldeias onde também lhes falei coisas de Nosso Senhor, folgavam de ouvi-las, mas logo as esquecem, mudando o sentido[15] em seus vinhos e guerras. Tornei-me aos cristãos, batizando algumas crianças que acertaram de morrer.

Em uma aldeia dessas achei uma coisa com pez[16] e que cai de umas árvores que estão nas campinas, e estilando assim pela árvore como pelas folhas faz uma pasta dura na terra.[17] Levei uma quantidade para os barcos, e quando cheguei achei dois quase acabados, e os companheiros enviaram

15. Saindo de si.

16. Breu, resina de plantas.

17. Existe uma grande variedade de tipos de arvore de breu, sendo a *Icica glabra* a mais abundante; não se pode afirmar a qual espécie o padre Navarro se refere.

por mais pez daquela para calafetar os barcos que estavam quase prontos. Corremos mui grande perigo, porque os índios que estão na outra parte do rio souberam de nós e passaram para impedir nossa viagem, e foi tão grande o perigo, que me meti na ermida e me pus diante um crucifixo que levava comigo. Foi Nosso Senhor servido que ainda que alguns foram maltratados, nenhum perigou – eu os curava com mel silvestre –, e os índios foram maltratados, pelo que não embarcamos com muito cuidado. Fomos pelo rio abaixo, mas não pudemos continuar a navegação, e assim foi necessário tomar conselho de novo acerca do nosso caminho por ser toda a terra povoada ao derredor de diversíssimas gerações de índios mui bárbaros e cruéis.

As terras que estavam ao redor deste rio por trinta léguas e ainda mais ao derredor são formosas e planas, parece-me que quando plantarem e semearem nelas nascerá mui bem, porque do mantimento que usam os índios e de diversas frutas há grandíssima cópia[18]. O pescado não tem conto, assim neste rio como em outros menores e nas lagoas, e quando os índios têm dele necessidade junta-se uma aldeia ou duas e vão a embebedá-lo[19], e assim

18. Quantidade.

19. Pescaria com substância que envenena os peixes. Sob a designação de timbó ou barbasco abrigam-se várias espécies das famílias leguminosa e sapindáceae, cuja seiva

tomam tanto pescado que depois vem a feder-lhes em casa, e desta maneira têm pouca necessidade de anzóis. E principalmente no rio Grande nunca pescam com eles se não são de ferro e com grandes correntes de um palmo ou dois, porque há um peixe que se chama piraí[20] e que corta um anzol com os dentes como com uma navalha, o que eu vi com meus olhos, porque de outra maneira não acreditaria.

Saídos do rio, fizemos nosso caminho por terra, voltando. Percebemos, na terra em que andamos, que os gentios comumente não têm superior, o que é a causa de todos os males, têm tal lei entre si que recebendo o menor deles uma injúria dos cristãos se juntam todos a vingá-la. São paupérrimos, nem têm coisa própria nem particular, antes comem em comum o que cada dia pescam e caçam.[21] Se mostram algum amor aos cristãos é por cobiça que têm de suas coisas, e é tanta que, quando não lhes veem outra

é tóxica para os peixes. Comumente utilizados pelos índios brasileiros, os diferentes tipos de timbó eram uma das principais técnicas de pesca em lugares de pouca correnteza, como lagos ou remansos.

20. No original, *piray*. *Pira* é uma designação genérica tupi para peixe, e *piraí* designa rio com abundância de peixe e, também, um tipo de chicote feito de couro cru, e não uma espécie de peixe. Não se pode identificar a espécie citada por Navarro, mas provavelmente seria um peixe semelhante ao dourado ou ao piau, capazes de cortar anzol e linha. Segundo Serafim Leite, o peixe aqui citado seria uma espécie de piranha.

21. Essa característica foi observada por vários cronistas da época.

coisa, lhes tiram os vestidos e depois lhes dão de comer, com a condição de que arranquem as pestanas e a barba como eles e que saiam a caçar e pescar juntos.

O tempo é mui temperado, fora alguns anos secos, e há muita caça assim de animais como de aves. Há uns animais que se chamam antas, pouco menores que mulas, e parecem-se com elas exceto que têm os pés como de boi. Também há muitos porcos monteses[22] e outros animais que têm uma capa por cima à maneira de cavalo armado.[23] Há raposas, lebres e coelhos como nessa terra, muitas castas de macacos e, entre elas, uns pardos com barbas como homens.[24] Há veados, gatos monteses,[25] onças, tigres e muitas cobras, entre as quais há umas que têm no rabo uma coisa à maneira de cascavel, e também soa, e quando topam com alguma pessoa bolem e fazem barulho com ela, e, se acertam de não apartar-se dela, mordem, e poucos escapam das mordidas que não morram.[26] Há

22. São porcos do mato, do gênero *Tayassu*.
23. Os tatus. Outros cronistas da época também os comparam a um cavalo armado.
24. Provavelmente o macaco guariba.
25. Os pequenos felinos, como jaguatiricas (*Felis pardalis*), maracajás (*Felis wiedii*) e jaguarundis (*Felis yaguaroundi*).
26. Trata-se da cobra cascavel, cuja espécie mais comum é a *Crotalus durissus terrificus*. A palavra portuguesa que designa chocalho (*cascavel*) terminou por passar a denominar a cobra.

umas aves que são como perdizes, outras como faisões,[27] com outras muitas diversidades, e também vi em poder de índios dois avestruzes.[28]

O fruto sólido desta terra parece que há de vir quando se for povoando de cristãos. Deus Nosso Senhor por Sua misericórdia tire estes miseráveis das abominações em que estão e a nós dê Sua graça para que sempre façamos Sua santa vontade.

De Porto Seguro, dia de São João, ano de 1555.

27. As perdizes brasileiras são aves da espécie *Rhynchotus rufescens*. Os "faisões" poderiam ser jacutingas (*Pipile jacutinga*), aves de médio porte que possuem bela plumagem.
28. Emas (*Rhea americana*).

BIBLIOGRAFIA

ABREU, Capistrano. *Caminhos antigos e povoamento do Brasil.* Belo Horizonte/ São Paulo: Itatiaia/ Edusp, 1988.

ANCHIETA, pe. José de. *Cartas jesuíticas 3. Informações, fragmentos históricos e sermões. José de Anchieta.* Belo Horizonte/ São Paulo: Itatiaia/ Edusp, 1988.

________. *Cartas. Correspondência ativa e passiva.* Obras completas, vol.6. Pesquisa, introdução e notas pe. Hélio Abranches Viotti, S.J. São Paulo: Edições Loyola, 1984.

CALMON, Pedro. *História do Brasil. Século XVI.* vol.1. Rio de Janeiro: José Olympio, 1959.

VALE CABRAL (org.). *Cartas jesuíticas 2. Cartas avulsas. Azpilcueta Navarro e outros.* Belo Horizonte/ São Paulo: Itatiaia/ Edusp, 1988.

"Cartas del Brasil", in *Copia de unas cartas de algunos padres y hermanos dela compañia Jesus que escrivieron dela India, Japon, y Brasil alos padres y hermanos dela misma compañía, en Portugal trasladadas de portugues en castellano. Fuerõ recebidas el año de mil y quinientos y cincuenta y cinco, [Coimbra], por Joan Alvarez, acabaronse a treze dias del mes de deziember MDLV.*

Cartas que os padres e irmãos da Companhia de Jesus que andam nos Reinos de Japão escreveram aos da mesma Companhia da India e Europa desde o anno de 1549 até o de 1566. Impressas por mandado do Senhor d. João Soares, bispo de Coimbra. Coimbra, em casa de Antônio de Maris, ano de 1570.

"Copia de unas cartas embiadas Del Brasil por el padre Nóbrega dela companhia de Jesus: y otros padres que estan debaxo de su obediẽcia: al padre mestre Simon preposito dela dicha compañia en Portugal: y a los padres y hermanos de Jesus de Coimbra. Tresladadas de português en castellano. Recebidas el año de MDLI", in *Cartas dos jesuítas do Oriente e do Brasil. 1549-1551.* [Coimbra: João de Barreira e João Alvarez, 1551]. Edição Fac-similada. Apresentação de José Manuel Garcia. Lisboa: Biblioteca Nacional, 1993.

COUTO, Jorge. *A construção do Brasil. Amerindios, portugueses, e africanos do início do povoamento a finais de Quinhentos.* Lisboa: Cosmos, 1998.

CUNHA, A.G. *Dicionário histórico das palavras portuguesas de origem tupi.* São Paulo/ Rio de Janeiro: Melhoramentos/ INL, 1978.

CUNHA, Manuela Carneiro da (org.) *História dos índios no Brasil.* São Paulo: Companhia das Letras, 2002.

_________."Introdução a uma história indígena" in *História dos índios no Brasil.* São Paulo: Companhia das Letras, 2002.

DANTAS, Beatriz G., José Augusto L. Sampaio e Maria Rosário G. de Carvalho."Os povos indígenas no nordeste brasileiros. Um esboço histórico", in Manuela Carneiro da Cunha (org.). *História dos índios no Brasil.* São Paulo: Companhia das Letras, 2002.

Diversi avisi particolari dall'Indie di Portogallo ricevuti dall'anno 1551 fino al 1558 dalli reverendi padri della Compagnia di Giesu, dove s'intende delli paesi, delle genti e costumi loro, e la grande conversione di molti popoli, che hanno ricevuto il lume della Santa Sede e religione christiana. Tradotti nuovamente dalla lingua spagnuola nella italiana. Col privilegio Del Sommo Pontefice e del ilustrissimo Senato Veneto per anni XV. Veneza: por Michele Tramezzino, 1565.

ENRIQUES, Enrique. "Cópia de una carta que embio de la India al padre maestre Simon preposito de la dicha cõpañia en Portugal, y a los hermanos de Iesu de Coimbra, tresladada de Portugues en castellano. Recebida el año de MDLI", in *Cartas dos jesuítas do Oriente e do Brasil. 1549-1551*. Edição fac-similada. Lisboa: Biblioteca Nacional, 1993.

EISENBERG, José. *As missões jesuíticas e o pensamento político moderno*. Encontros culturais, aventuras teóricas. Belo Horizonte: UFMG, 2000.

FAUSTO, Carlos. "Fragmentos de história e cultura tupinambá. Da etnologia como instrumento crítico de conhecimento etno-histórico", in Manuela Carneiro da Cunha (org.). *História dos índios no Brasil*. São Paulo: Companhia das Letras, 2002.

GÂNDAVO, Pero de Magalhães de. *A primeira história do Brasil. História da província Santa Cruz a que vulgarmente chamamos Brasil*. Texto modernizado e notas por Sheila Moura Hue e Ronaldo Menegaz. Rio de Janeiro: Jorge Zahar, 2004.

GARCIA, José Manuel. "Apresentação", in *Cartas dos Jesuítas do Oriente e do Brasil. 1549-1551*. Edição fac-similada. Lisboa: Biblioteca Nacional, 1993.

HORCH, Rosemarie E. (org.). Catálogo dos folhetos da coleção Barbosa Machado I, in *Anais da Biblioteca Nacional*. vol.92. 1972. Rio de Janeiro: Biblioteca Nacional, 1974.

HOUAISS, Antônio. *Dicionário Houaiss da língua portuguesa*. Rio de Janeiro: Objetiva, 2001.

HUE, Sheila Moura e Ana Virgínia Pinheiro (orgs.). *Catálogo dos quinhentistas portugueses da Biblioteca Nacional*. Rio de Janeiro: Biblioteca Nacional, 2004.

LEITE, Serafim. *História da Companhia de Jesus no Brasil*. Tomos I, II e IX. Lisboa/Rio de Janeiro: Portugália/Civilização Brasileira, 1938.

________. *Novas cartas jesuíticas (De Nóbrega a Vieira)*. São Paulo: Companhia Editora Nacional, 1940.

________. *Páginas de história do Brasil*. São Paulo: Companhia Editora Nacional, 1937.

________. *Novas páginas de história do Brasil*, vol.7. Lisboa: Academia Portuguesa de História, 1962.

________. "Os jesuítas e o primeiro jornalismo no Brasil", in *História da Companhia de Jesus no Brasil*. Tomo IX. Apêndice G. Lisboa/ Rio de Janeiro: Portugália/ Civilização Brasileira, 1938.

________. *Cartas dos primeiros jesuítas do Brasil (1553-1558)*, vol.1 (1538-1553) e vol.2 (1553-1558). São Paulo: Comissão do IV Centenário da Cidade, 1954.

MONTEIRO, John Manuel. "Os guarani e a história do Brasil meridional. Séculos XVI-XVII, in Manuela Carneiro da Cunha (org.). *História dos índios no Brasil*. São Paulo: Companhia das Letras, 2002.

________. "Dos campos de Piratininga ao Morro da Saudade: a presença indígena na história de São Paulo", in: Paula Porta (org.) *História da cidade de São Paulo. A cidade colonial, 1554-1822*. vol.1. São Paulo: Paz e Terra, 2004.

NÓBREGA, pe. Manuel da. *Cartas do Brasil e mais escritos do pe. Manuel da Nóbrega*. Introdução e notas históricas e críticas Serafim Leite S.I. Fac-símile da edição de 1955 feita em Coimbra por ordem da Universidade. Belo Horizonte: Itatiaia, 2000.

________."Cartas jesuíticas 1. Cartas do Brasil. Manuel da Nóbrega", in Valle Cabral. Belo Horizonte/ São Paulo: Itatiaia/ Edusp, 1988.

PÉCORA, Alcir. *Máquina de gêneros*. São Paulo: Edusp, 2003.

PORCHAT, Edith. *Informações históricas sobre São Paulo no século de sua fundação*. São Paulo: Iluminuras, 1993.

PORTA, Paula (org.). *História da cidade de São Paulo. A cidade colonial. 1554-1822*, vol.1. São Paulo: Paz e Terra, 2004.

SOARES, Maria de Nazaré Castro."*Feritas, humanitas, divinitas* na ação missionária no Brasil de dois discípulos de Coimbra: Nóbrega e Anchieta", in *Revista Portuguesa de Humanidades*. Universidade Católica Portuguesa. Faculdade de Filosofia de Braga, vol.6. Fascs. 1-2. 2002

SOUSA, Pero Lopes de."Diário da navegação de Pero Lopes de Sousa", in *Martim Afonso de Sousa*. Lisboa: Publicações Alfa, 1989.

TOLEDO, Roberto Pompeu de. *A capital da solidão. Uma história da São Paulo das origens a 1900*. Rio de Janeiro: Objetiva, 2003.

VASCONCELOS, Simão de. *Crônica da Companhia de Jesus*. 2 vols. Petrópolis: Vozes, 1977.

VIVEIROS DE CASTRO, Eduardo. *A inconstância da alma selvagem e outros ensaios de antropologia*. São Paulo: Cosac & Naify, 2002.